低碳经济　高瞻未来

不确定年代　知识为你找方向　DUFEP

GETTING
GREEN
DONE

**Hard Truths from the Front Lines of the
Sustainability Revolution**

Auden Schendler

绿色蜕变

可持续变革前沿的硬道理

（美）奥登·谢德勒 著

赵霞 刘洁 张庭杰 译

东北财经大学出版社
Dongbei University of Finance & Economics Press

大连

ⓒ 东北财经大学出版社 2012

图书在版编目（CIP）数据

绿色蜕变：可持续变革前沿的硬道理／（美）谢德勒
（Schendler, A.）著；赵霞，刘洁，张庭杰译 . —大连：东
北财经大学出版社，2012.5
（绿色低碳发展译丛）
书名原文：Getting Green Done：Hard Truths from the Front
Lines of the Sustainability Revolution
ISBN 978-7-5654-0769-7

Ⅰ. 绿… Ⅱ.①谢… ②赵… ③刘… ④张… Ⅲ. 企业经
济：绿色经济-可持续性发展-研究 Ⅳ. F270

中国版本图书馆 CIP 数据核字（2012）第 059481 号

东北财经大学出版社出版
（大连市黑石礁尖山街 217 号 邮政编码 116025）
教学支持：（0411）84710309
营 销 部：（0411）84710711
总 编 室：（0411）84710523
网 址：http：// www. dufep. cn
读者信箱：dufep @ dufe. edu. cn
大连北方博信印刷包装有限公司印刷 东北财经大学出版社发行

幅面尺寸：170mm×240mm 字数：129 千字 印张：11 1/4 插页：1
2012 年 5 月第 1 版 2012 年 5 月第 1 次印刷

责任编辑：李 季 王晓欣 责任校对：贺 鑫
封面设计：冀贵收 版式设计：钟福建

ISBN 978-7-5654-0769-7
定价：29. 00 元

译者序

近年来，从中央到各省、市、区的各级领导都对发展低碳经济、推进低碳科技创新给予了高度重视。发展低碳经济、建设低碳城市、构建低碳社会已成为我国各级政府的重要工作方针，也是实现产业结构调整优化与升级、培育新的经济增长极的重要途径。

到目前为止，国际金融危机对全球经济的影响尚未完全消退，全球经济增长方式正进行重大调整，发达国家也正在寻找新的替代产业，为新一轮经济增长奠定基础，而低碳产业正是备受关注的重点，并将决定下一轮经济增长周期的产业发展方向，它是继信息产业之后世界性的又一轮"新经济"。在我国，不少有远见的城市和企业正在把低碳城市、低碳产业作为新的发展方向。

本书讲述了作者在科罗拉多州的滑雪胜地阿斯彭对抗气候暖

化、推行持续经营计划的经历。本书通过妙趣横生的例子，展现了当前绿色经济战略的实际执行情况。作者认为企业不仅是造成环境恶化的元凶，同时也是解决环境问题的关键，并且书中明确提出了企业要达到可持续发展应采取的具体途径，希望它能启迪和引导企业走向可持续发展之路。

参与本书翻译工作的还有大连工业大学管理学院的赵霞、大连交通大学的刘洁，东北财经大学的博士生段志民、杜丽、胡玲、王伟、范明明、赵丹寒、吴访梦对初稿进行了通读、校对。

由于时间仓促及译者水平有限，书中难免有不当之处，恳请广大读者批评指正。

译者

2012. 1

目 录

第一章

这是壕沟战，不是外科手术

"我们必须想象西绪福斯（Sisyphus）是快乐的。"

——艾伯特·卡缪（Albert Camus）

唐尼的工作裤沾满了泥土和油污，他一边走，裤子一边噼啪作响。50 多岁的他精瘦而憔悴，黑眼圈很重，而且晚上他还要在阿斯彭滑雪公司的车厂修理铲雪车。他很少休假，平时烟不离手，最爱抽的是骆驼牌香烟。有一次我建议他使用不含致癌溶剂的刹车盘清洁剂，他把烟灰弹到地上，说："后患无穷。"顺便说一句，唐尼也是空手道的黑带。

我呢，是穿着浆得很挺的衬衫的"环保人士"。但我跟唐尼一样，也有工作要做。我的职责是降低公司对环境的污染，尽可能让公司的事业"可持续经营"。我和唐尼在同一间车厂，而我们工作的滑雪度假中心力求成为一家"绿色企业"。唐尼，以及像他这样的人，正是解决全球环境问题不可或缺的地面部队的一员。

我对唐尼的工作一直有一种亲切感，因为我也曾做过类似的基层工作。我曾参与政府主办的一项名为"能源协助"的计划，为低收入家庭做隔热工作。我是一名为住家加隔热层，更新冷、暖气设备的技术员。听起来很炫，但那意味着我得钻到货柜里面、底下，爬过泥泞和动物尸体，进入狭小得连头都转不了的地方。在拖车底下戴着口罩、身穿泰维克防护衣的我，明白每个人都可以成为蜘蛛专家，而每一种蜘蛛都可能是黑寡妇。

我在地板上钻孔，吹入硼酸膜纤维素——名称很复杂，说穿了就是旧报纸做的隔热材料。我在加隔热层时从天花板摔下来，跌到了一个70多岁、靠吸氧气维持生命的老爷爷旁边。

这些工作是在科罗拉多州西部几个荒凉的城镇进行的，那些镇名都会让我想起工作的艰辛：来复、米克、克雷格和锡尔特。"在锡尔特，凡事都不稀奇"是那个小镇私底下流传的警句。"闭上嘴巴，开始干活"则是我的座右铭。我和我的同事以及另外三名室友住在一个铁皮屋里，我们手头拮据，因此每天中午都把工程车停在公路休息站旁，吃从住处带来的午餐。但有些日子，当生活太过乏味，我们会把钱挥霍在我们所谓的"防自杀的午餐"上，在当地的咖啡店买汉堡、薯条和可乐。那固然会占用我们买酒的预算，但确实让生活得以继续。

每一份工作都是很脏，很累，对身体有危害的。不过，我渐渐明白我18年前做的那份工作，正呈现出环境可持续运动"最前线的风貌"。我们所做的事情是很无聊的，有时看来甚至毫无前途。尽管我很快地逃离了那份工作，但我仍留在环保领域，而那段加隔热层的工作经历，也让我分外钦佩那些壕沟战士——不怕脏、不怕累、处于问题与解决问题第一线的勇者，他们必须实事求是。坦白说，以我个人的经验，环境运动的纯理论派人士挺令人失望的——那些专家们以为自己无所不知，却完全没动手烤过派、没搭过棚子、没换过马桶，或是让刚弄好的隔热屋顶被风吹跑——我就有过一次（我们忘记用钉子固定了）。

实事求是很重要，因为我们的问题已迫在眉睫。我们没时间游手好闲，没时间沉溺于自以为有所进展的妄想中，也没时间再钻研那些实际上站不住脚的理论了。

刻不容缓的原因是，气候变化正在加速进行。

←—— 气候危机正在发生 ——→

2007 年 11 月，诺贝尔奖得主联合国政府间气候变化专家小组（IPCC）发布其第 4 份综合报告。这份报告是由 140 个国家联合签署的，其中包括中国和美国。《纽约时报》报道："小组成员表示，在查阅相关资料后，他们以团体或个人身份决定，温室气体必须即刻开始减排以避免全球气候灾难的发生，因为那可能会使岛国被海水淹没而遭弃置、非洲耕地面积缩减 50%，进而造成全球国内生产总值锐减 5%。"

这份报告其实不算什么新闻了。20 年前我上第一堂气候科学课时就听过这些。长久以来，每一间独立的科学机构，从美国国家科学院（National Academy of Sciences）、八大工业国的所有科学研究院到美国科学促进联合会（American Association for the Advancement of Science），都认为气候变化正在发生，而且是人为造成的。科学家们从未达成过这样的共识，虽然他们来自不同的国家、有着不同的意识形态、说着不同的语言，却发现同样的结果——气候变化对于人类未来的冲击，远胜于其他任何事物。甚至，福音派基督团体也发起了"福音派气候行动"（Evangelical Climate Initiative）。气候变化不仅是环境问题，也是全球经济问题和卫生问题。

IPCC 在 2007 年发布的这份报告中，最令人耳目一新的地方是它的语气。IPCC 成立于 1988 年，旨在勘察气候变化对人类潜在的威胁，向来以意见一致和陈述保守著称——保守到常发表温和得令人抓狂的预言，让环保团体头痛不已。这就是为什么听到 IPCC 小组强调我们必须立刻行动，否则就有摧毁地球生命的风险，会如此令人心惊胆战。该组织的领导人、科学家、经济学家拉彦德拉·帕卓里（Rajendra Pachauri）最近表示："如果我们在 2012 年前不采取行动，就真来不及了。我们在未来两三年内的行为将决定我们的未来，这是非常关键的时刻。"可惜，IPCC 的这份报告并未包含更具警示作用的、已发生过的气候灾难来完成这种地球正在被摧毁的推理。例如，夏天的大规模极冰融化，以及格陵兰和西南极洲的迅速消融，都超出了先前模型的预期而令科学家们瞠目结舌。根据宾州大学里查德·艾莱（Richard Alley）教授的说法，格陵兰和南极洲将比预期提前一百年融化。2007 年全球二氧化碳的排放量超过科学家最极端的预期，这表示我们赖以观察未来形势的模型太保守了。但那些"保守"模型也预示了灾难，其中有些看来极似 2008 年肆虐美国的洪水和狂风暴雨。

← 企业：进退维谷 →

与此同时，企业不仅是环境恶化的元凶，也是受害者。例如，最近我在一家餐厅的菜单上看到智利圆鳕鱼，这种鱼两年后将灭绝，那接下来餐厅会供应什么？还有在我们的滑雪度假中心，我们必须在变暖的气候中制造出越来越多的雪才能继续营业，因此我们会花越来越多的钱，使用越来越多的能源，而回过头来却造成气候变暖的加剧，又使我们必须制造更多的雪……我们掠食了我们赖以生存的气候，吃自己的尾巴求生。气候变化威胁着地球上的各行各业，而企业正是气候变化的罪魁祸首。

因此，越来越多的公司——从巴塔哥尼亚户外用品（Patagonia）到杜邦（DuPont），从沃尔玛（Wal-Mart）到通用电气（GE）——都在寻求不破坏环境的运营方式。它们这么做是因为生存受到威胁，也是因为考虑到消费者对"绿色"产品和服务与日俱增的渴望。同样重要的一点：如果企业是制造环境问题的一大根源，那么它也可能是解决者。

"企业的可持续经营运动"主张：环保组织和企业可共创双赢局面。那些环保顾问和雨后春笋般的文章都表明了企业可以全盘接收：核心竞争力与干净的空气，销量旺盛与生物多样性（Biodiversity）。

很少有公司能达成可持续经营的目标，但大师们并未因此退却。他们的愿望是一个双重的绿色世界：环境管理工作会创造更多的利润，因为大自然本身永远是获利的终极来源。"绿即是绿"（Green is green）已是普遍接受的观念，即："可持续经营的企业会在双方面呈现绿色——既提高获利能力，又保护生态环境！"

该领域最知名的著作——《商业生态学》（*The Ecology of Commerce*）、《绿色资本主义》（*Natural Capitalism*）、《从摇篮到摇篮》（*Cradle to Cradle*）——已成为绿色企业拥护者的圣经。这些书籍广泛地探讨了建立绿色企业的办法，并大获成功。就这项刚萌芽的运动而言，它们的目的达成了。

那些梦想家指出，我们可以在地球开辟出一座新的伊甸园——废弃物与污染的概念不复存在，能源取之不尽，气候变暖等生态浩劫都将成为过去式。

他们说得没错。

只是有个问题，唯一的问题：没有人知道如何实现。或者这样说，一些非常聪明的人已经画出了地图，但我们不知道那条路该怎么走，或者是否真的有路可走。就像与唐尼在车厂里共事的一位技工曾跟我说的："我们的企图心很强，但行动力薄弱。"

然而，如果我们真的试着住到那里去，会发生什么事呢？如果我们真的去做了一些专家告诉我们非做不可的事，又会怎么样呢？有时，做这些事不是那么愉快的，这份工作更像壕沟战，而非外科手术。

←—— 唐尼的零件清洗机 ——→

回到阿斯彭滑雪公司的修车厂，唐尼同意以水洗式零件清洗机取代原来的溶剂式来清洗螺栓和垫圈、沾了油污的弹簧和其他机械零件。水洗式零件清洗机就像洗碗机，但洗的是零件。你不必再浪费钱买昂贵的溶剂，用水就可以；不必再让技工接触有毒的烟雾，这种零件清洗机所产生的废弃物的毒性不会超过肥皂；不必再花钱请人把有害废弃物运走，你自己便能销毁废弃物；也不必再填写复杂的文件向联邦管理机构申报、冒着被稽查和罚款的危险，你什么都不必申报，因为完全没有需要管理的东西。我算过，只要 18 个月，我们省下的溶剂和处置费用就能抵消买机器的成本（降低的风险和增加的便利还不包括在内）。

只有一个问题：这台清洗机不能正常运转。在修车厂里，唐尼把我拉到一旁。就像往常一样，他看起来疲惫不堪，而且还一脸沮丧。他说："这东西洗得很慢，会留下白膜状的残余物，而且噪音很大。你可以帮我解决吗？"

在试过品质较好的肥皂、问过几位修理工之后，我几乎要放弃了，此时，一位名为大卫的电气技工发现了问题——原来是马达装反了。

我们的计划虽然立意非常好，却差点因为某件完全出乎预料又不可避免的事情功亏一篑。幸亏我们好心而又诚实的电气技工救了它（唐尼也大可不必指出马达的问题，直接给这部他其实不怎么想要的机器判死刑）。此次事件也差点让阿斯彭滑雪公司的所有环保产品蒙上恶名，加深世人对"绿色产品或许可行，但没那么好用"的错觉（例如你的环保洗碗剂）。

这里有个不被外人知晓的秘密：可持续经营事业，命运多舛。一件出乎意料的事就足以粉碎所有希望，让人不再相信它能创造惊人的回报。个性、习惯、政治和观念会一起阻拦革新，哪怕能实现革新的科技已经存在。愿望很美，但正如布鲁斯·斯普林斯廷（Bruce Springsteen）所言："在我们的梦想与行动之间，存在着整个世界。"沿途荆棘密布，只是我们从未听说罢了。或者如工程师杨·史内普修特（Jan L. A. van de Snepscheut）所说："理论上，理论和实际并无差异，但实际上，差异总是存在的。"

←—— 当前的情况 ——→

目前，企业开展可持续经营运动最大的弊端在于很少有人愿意承认，若不彻底改变世界目前的运作方式，可持续性经营便难以达成，甚至不可能实现。报告、学习与行动之间的鸿沟又宽又深，这就叫"分析瘫痪"（analysis paralysis）。委托另一家研究机构来推算事情究竟有多糟糕，或最有效的解决途径可能是怎样的，总比卷起袖子、真正开始解决问题来得容易。对多数企业来说，"环保"意味着公布大量极具雄心的计划（其中无一实现过）和致力于对长期投入的"碳足迹"（carbon footprint，泛指个人、家庭、企业的日常二氧化碳排放量）的评估。事实上，环保工作的兴起，确实说明社会是进步的，但这个事实本身即为悲剧，也暴露出这世界有多沉溺于"照常营业"（环保工作举步维艰）。

过去人们之所以聚焦在可持续性运动的理论和成就，是因为若在这个新领域承认失败（更别说把它们记录下来），便会在其逐步发展的教义中，形成无可弥补的缺憾。这就好比要莱纳斯（Linus，《花生家族》（The Peanuts）里的人物）同意世上或许真的没有大南瓜一样。

政府当局和推动绿色企业的非营利组织会说，迈向可持续经营的发展之路是一条顺畅的路，这是因为它们有利可图：前者企图美化政策与从政者的面目，后者企图以这些成就来推进它们的募捐工作。企业也是如此，它不是试图确立品牌定位，就是想说服消费者和股东相信它的决策合理可行。与此同时，可持续经营的顾问也不愿意面对现实世界的挑战，因为他们试图以他们的哲理赚取金钱（这不是批评。愿他们顺利！只是我们需要更有效的措施）。

绿色建筑即为一例，利益关系人往往不敢质疑"环保建筑低成本、性能高、时尚"的谎言（环保建筑是拥有以上一些优点，但不是全部，不过我们还是有充分的理由去打造）。问题在于，一旦进入绿色建筑的营建过程，你便不敢指出其中的缺点，因为现在你的工作已被视为模范，是众人瞩目的焦点。例如，闻名全球的建筑师威廉·麦克多诺（William McDonough）就常以他为欧柏林学院（Oberlin College）设计的路易斯中心（Lewis Center）为题发表演说。尽管那栋建筑问题不少，但是他的演说内容往往过分乐观。他会过度强调其能源消耗少（或者不需能源），但路易斯中心耗用的能源其实比一般建筑还多。这种普遍不愿承认失败（甚至不愿承认不完美）的现象使得整个建筑业无法从错误中汲取教训。除非我们克服这种心理障碍，愿意讨论我们所犯的错误和我们遇到过的陷阱，而不只是一味颂扬我们璀璨的成就时，我们的学习曲线才不会一直保持平缓。

你在新闻里一定看过许多"成功的绿化故事"，倘若挖掘其背后的真相，你会发现它更类似《现代启示录》（*Apocalypse Now*），而非精准的营运方面的案例。但这不代表我们要放弃，只是我们必须承认，观看可持续经营理念相关的演示文稿是一回儿事，将它落实到实处则完全是另一回儿事。

可持续经营的大师表示这些障碍全都可以克服，但他们说话的对象通常是像我这样觉得使用节水马桶很光荣的人。他们没和餐厅经理一起吃过饭，不明白有些人的事业与坚持产品品质的理念息息相关，我则有过这样的会谈。

←——— 失败乃成功之母 ———→

想象一下，你是一家闻名世界的度假中心的环境部主任，在经过多重政治势力的角逐后，好不容易在一家高档餐厅安装了节能照明设备，这是可持续经营运动的"剑及履及"之事。餐厅开业了，而餐厅经理一看到节能灯便大为不悦，命令员工摘下灯泡，把它们扔掉，换上不节能的卤素灯。这不是因为他愚蠢、无知或无所顾忌，而是因为他有生意要经营，且正按照他心目中最好的方式去做。他不会在高级餐厅装节能灯，就像你不会在法式长条泡芙上淋 Cool Whip 的奶油泡一样。

于是，你的可持续经营工作为你带来以下种种问题：设计成本和安装费的浪费、不节能的照明、经理对绿色科技信心的丧失；数百盏昂贵的节能灯不被回收使用，而在当地垃圾填埋场慢慢漏汞；还有计划外的新灯泡安装成本。这是真实故事，是 10 年前阿斯彭滑雪公司发生的真实案例，此后那家餐厅的照明设备便从未更换过。

另外，现有的探讨可持续企业的文献都趋向于公式化："有创新精神的领导人可以在降低环境污染的同时获利——首席执行官要跳出既有的思维模式！"前美国环保署长威廉·赖利（William Reilly）曾盛赞近期的一本环保商业书："指导企业如何应对从气候变化到水污染等重大环境问题，如何增进绩效管理效应、提升竞争优势、提高利润和维系感情……"在过去 10 年里，《福布斯》（Forbes）、《今日美国》（USA Today）、《华盛顿邮报》（Washington Post）、有线电视节目、网络博客和其他媒体都刊登或转播了"环保真容易！"之类的文章和节目。

该是换换口味的时候了，这些优良著作里的理论和成就都需要补充，我们必须探讨在实际执行中遭遇的失败和困难。时机已经成熟，既然可持续经营运动已具有若干动力、若干真实的可信度，以及许多实质性的进展，应该可以聊聊它为什么像是一场壕沟战，甚至承认它一路所犯的错误。要补充这张通往可持续性的路线图，我们需要一本探讨错误的书；就好比学打曲棍球时，能让你领略其中技巧的不是打中球，而是挥棒落空。

幸好，承认失败毫不可耻。诚如诗人奥斯卡·王尔德（Oscar Wilde）所言："人人都把自己的错误美其名为经验。"麦克多诺自己在看到《环保建筑新闻》（*Environmental Building News*）报道欧柏林建筑的问题时也表示，重点不是这些新工程一开始能否完美运作，而是最终能否有效运作。他还说："设计是意图的信号"（我必须补充，那包括我们在过程中学习的意图）。找办法达成可持续经营是高尚的行为，掩盖错误则是可耻的行为。对于我们的工作，就算真相是残忍且恼人的，我们也必须实话实说。

专家并非是完美无瑕的神，专家是已经犯过书本中所写的全部错误并能够教你如何避免，非常谦恭的人。

←—— 阿斯彭滑雪公司的愿景 ——→

上面那则餐厅照明设备更换的故事或许会让你以为阿斯彭滑雪公司不是那么先进，也不是那么真的关心环境和气候，事实并非如此。

阿斯彭滑雪公司对环境保护的坚持源于其根深蒂固的文化价值观。它有独树一帜的指导原则，其中之一便是"管理我们山丘的环境"。那听起来或许空泛，但如果我们不遵循原则，员工是可以把工作手册扔在首席执行官桌上的。我们的宗旨不是卖缆车票和赚客房费，而是"重振精神"。如果一直破坏环境，你就无法重振人们的精神了，因此，我这个搞环保的人似乎被托付了无尽的使命（至少我是这样解读的）。

多年前我在一场鸡尾酒会上被一个公司的老板问到马桶翻新工程

进展得如何。当时我连他知不知道我的名字都不确定。丰雪山庄（Snowmass Village）的马桶大多安装于 20 世纪 60 年代，每次冲水要用 5 加仑的水。把它们更换成 1.6 加仑的款式不但可以省下大量的用水，还可保护镇上的水源——丰雪溪。没错，这是千真万确的事，并且我们为此制订了一个计划。

老板们在乎这件事，它或许会让最极端的环保人士喜出望外。我们的老板们都是好几家市值数十亿公司的老板或董事，他们都有其他的事情要忙，但那一晚例外。

不仅老板是我们的坚实后盾，高级主管和全体职员也鼎力支持。对于我们为 4 座滑雪山丘、2 家旅馆和 1 个高尔夫球场作出的每一项决策，首席执行官迈克·卡普兰（Mike Kaplan）都会加入环保要素（最近他在高级主管的面前拍桌子，说他"极度渴望"能更积极地进行节能减排工作）。同时，欣赏自然世界是阿斯彭的创立之本。有一次，在一场大暴风雪后，我刚进公司就看到迈克寄来的电子邮件，上面写着："你今天不去滑雪就损失大了。"我的职务——可持续工作的常务董事——公司的高层职位。我们的财务总监麦特·琼斯（Matt Jones）是我的好友，我们一起喝波本威士忌，而他可以说是我"密谋保护环境的共犯"——这是好事，因为他正是一切绿色计划的买单人。此外，每年冬季我几乎每天都会接到一些员工的电话，他们提出建议、赞许、委婉的批评和壮志凌云的提案，包括缆车禁烟和消除滑雪板焊锡里有毒的全氟化碳等。

← 环保工作困难重重，光靠动力不足成事 →

尽管我们干劲十足，并且我们每隔两年都会发布一份可持续工作报告，分析我们的能源和碳排放情况，但是我们发现，最重要的那一件事真的很难做到：减少二氧化碳的排放量。即使我们已通过翻修、建造绿色建筑、利用可再生能源等节能措施减少了数百万吨二氧化碳的排放量，但我们的碳排放量仍缓步上升，这主要是由于我们的商业活动不断增多，能源密集度也随之增高的缘故。比如说，当我们的客人要求环境整洁美观，我们的燃料使用量便节节高升；当我们以高速、高承载的缆车取代陈旧、摇晃的老式缆车，用电量也随之增高。有人会说我们不该这样做，但这有失公允——用"40 岁高龄"的老式缆车是无法经营世界级度假中心的。而与此同时，正如我们将在第二章提到的，科学家告诉我们，我们必须在本世纪前减少 80%～90% 的碳排放量，才能有效遏制气候变暖。

我们碰到的障碍，在商业界似乎是非常普遍的。举个例子来说，2008 年，我们许多部门共同提出了 4 000 万美元的资本支出计划（换新屋顶、为每天漏水 100 加仑的泳池重铺瓷砖等），但公司只有 900 万的预算。在这个竞争激烈的环境中，太阳能电板或节能暖气翻新工程可能拿不到经费——或许也不该得到，因为直接滴到客房床上的屋顶漏水更需要立刻修理。

其他公司也举步维艰，近年来沃尔玛已成为企业界的环保先驱者，每年都花费 5 亿美元开展"绿色计划"。2007 年 11 月，该公司发布了第一份可持续工作报告，显示其 2006 年的二氧化碳排放量比 2005 年多了 8.6%。

克里夫·克鲁克（Clive Crook）在《大西洋》（*Atlantic*）月刊的一篇文章中提到了各国在《京都议定书》所作的减排承诺：

即使（除美国以外的）每一个富裕国家都签署了这份协议，但长达数十年的排放量的上升趋势仍未减缓。令人绝望的是，日本和加拿大都超过了最高限额。在西欧，只有 3 个国家有望兑现承诺。期限将至，其他国家都表示将在 2012 年《京都议定书》期满前采取必要的政策——但嘴巴说说当然容易了。

美国地方自助协会（Institute for Local Self-Reliance）曾以地方名义为"如何应对地球变暖"这一主题提出过一份报告，作出了以下结论：那些承诺达到《京都议定书》减排目标的城市，"虽然提出保证且精心处理了若干重大问题，但要把温室气体的排放量减至1990年的水平以下，仍是莫大的挑战。除非，州或联邦互补的政策落实到位，不然许多城市的尝试可能难逃失败"。

在石油业中，向来对气候变化采取最积极对策的桑可能源公司（Suncor）正卷入全球最大的生态和气候浩劫中——加拿大阿尔伯达省的油砂开发。发生什么事了？显然该产业（及政府）非常了解问题所在，却无法采取必要措施，或者更糟的，他们不想。

降低二氧化碳排放量是件很困难的事，即使企业或自治州政府动力十足。这是因为我们生活在一个依赖能源的社会里，我们就像在"能源里游泳的鱼"，只是我们浑然不觉罢了。何况能源向来便宜，现在还是如此（就算价格有所上涨），这表示节约能源的动机有限。这样一来，企业当然会精心挑选能以最低成本节省最多能源的计划，却会搁置一些能进一步减排以解决气候问题的必要措施。事实上，是否实行"撇脂"（cream-skimming）类的能源措施，已成为现今判别"绿色企业"的标准。

企业是为了赚钱，而赚钱意味着制造更多的碳排放量。看看桑可的例子：一旦油价达到某个临界值，它拯救气候的抱负便荡然无存了。它会从全球最积极的绿色石油公司，摇身变成史上最严重的违规者之一。若无减排的具体操作规范——对能源课税或是控制二氧化碳排放量具体方案及相关的贸易计划——企业势必将不惜牺牲空气质量来追求利润，因为污染是不需成本的。这并不代表企业都是坏蛋，事实恰恰相反，在宣扬保护地方环境的税收制度的配合下，企业带来经济的繁荣、提供生活必需品，而且不管怎么说，它是不会消失的。想办法让企业成为正面的力量，才是我们的当务之急。

要让美国企业迈向环保之路，会是一个缓慢而困难的过程。短期内政府是否会采取我们需要的行动来改正自由市场的重大缺失（例如污染是免费的），事态尚不明朗。举一个例子来说，这 10 年来国会历经挣扎，终于通过了提高燃油效率标准的法案。但我们现在了解到，如果希望解决气候问题，提高燃油效率标准根本于事无补。

←── 按下社会的"重置"钮 ──→

气候问题的严重程度大到许多人都无法想象。因此，多数的行动计划其实并不妥当。人们购买 Prius 油电混合车或自备帆布袋去超市买东西是好事，但我们不能止步于"采取这些行动就够了"的妄想。

我的好友兰迪·尤德尔（Randy Udall）是一位能源专家，经营一个提倡节约资源的非营利组织达 13 年之久。他指出，我们不要再讨论那些小事了。"你必须改变整个能源系统，寻找另一种方式来带动经济的繁荣发展。"耶鲁大学森林及环境学院院长格斯·斯佩思（Gus Speth）提出了"资本主义转型"的需求，呼应了尤德尔的观点。这是一项浩大的工程，意味着要按下社会的"重置"钮。我们曾经做过那样的事——例如发展民权，或者美国革命期间的改革。但以上丰功伟业都没有严格的时间限制，其中一个——达成完全民权——至今尚未完成；另一个则卷入战争。而解决气候变化的挑战至少和上述两者同样艰巨。

企业运作模式是开启革命的一个途径。本书将聚焦于企业在创造可持续发展的世界中所扮演的角色，因为我在这个领域积累了相当的经验。企业有非常关键的角色要扮演：在全球前 100 名的大经济体中，有 51 个是企业。企业比个人更能影响政策走向，因为它们对政府有巨大的影响。而且在等待政策改变的同时，企业单凭一己之力就能完成许多事情。

尽管如此，企业只是应对气候变化的关键之一。企业非常机敏，也有足够的动力（受利益驱使）来推动变革。例如，杜邦公司就研发出非传统式的冷煤，对解决臭氧层破损的问题大有帮助。但企业很难发动影响力"足够"大的变革——至少不是出于自愿。我们不能指望它们一路骑着白马，因为多数公司在达成至多30%的节能效率、取得相对不错的利润后，便会宣布成功（事实上也是非常重要的成就），继续赚钱去。这还是假设每家公司都在乎气候变化的情况之下，而事实上，满不在乎的公司比比皆是。

仅依赖企业或个人自发性的减排措施来开启这场变革，就像是要船上每个人在风平浪静时朝船帆吹气一样。这宛如杯水车薪，何况不是每个人都会参与。从我们现在所站的位置上看，加上时间限制与大规模行动的需要，唯有政府的行动——全球化的政府行动——能让这场变革以我们需要的速度前进。

那么，这本书为什么要探讨企业环保实践，而非游说政府进行变革呢？答案是两方面的：首先，气候工作必须从此刻开展，我们没时间等下去了。其次，本书介绍的一些"壕沟"工作确实有助于大幅改变现状。在致力于促使政府作出改变的同时（敦促华盛顿当局改革确实跟打仗没两样），我们也必须在我们的家庭、公司、学校和社区展开行动。政府需要有人示范"什么叫积极的环境保护措施"，需要个案研究来建立政策。每一个人、每一家公司都至关重要，因为我们需要实践来判断什么事值得做，以及哪个是最好的行动方式。这工作虽然无比艰辛，但从身边做起并不困难。只是它比较像一场壕沟战，因为我们还没有有效的政策来让它不费吹灰之力便能顺利进行。

更重要的是，因为时间非常有限，我们必须理清哪些是关系重大的、哪些不具价值，然后排定优先顺序。本书的目标是帮助你找出有意义的行动，然后加以完成。那或许包括更换灯泡，但远不止步于此。想想你可以怎么利用自己或公司的影响力来推动最高层级的政策变革——你可以怎么助环保一臂之力，让地球上每一个人都更换灯泡呢？也请你明白这个事实：你的努力最终一定会产生巨大的冲击。

←—— 多点实干者，少点梦想家 ——→

总而言之，我们必须即刻行动——因为我们必须这样做，也唯有如此，当我们协助催生出好的政策时，我们才能凭借着务实的态度和经验而突飞猛进。因此，我们必须聚焦于行动和切实完成任务上。在历经长年研究却没多少改变、做过好些细小琐碎却饱受舆论抨击的计划、推行过若干没效率或无意义的政策、开过上千场名为探讨可持续经营（却只促成下一场"晚餐或鸡尾酒会"）之后，认真做事的时候到了！我们必须大幅增加实干人才，取代梦想家；少点冠冕堂皇的宣言，多点实际行动。是该深入锅炉中心进行调整、修理零件清洗机、更换暖气系统的过滤网，以及修复政府这个受损的统治机器中政客和政策的时候了。

这本书讲的是执行者（像唐尼一样的人们）的故事，且以"我们全都是唐尼"的观念为根本；我们必须全都加入步兵队，在壕沟里苦干实干，年复一年，犯错、失败、学习，慢慢向前，一步一个脚印。然后我们还要去酒吧，一边畅饮啤酒和龙舌兰，一边交流我们的经验。你在这里读到的故事将让开头的对话（"你是怎么办到的？真有这样的事吗？"）得以继续。聊天的意义在于让我们的工作更容易，至少也可以证明我们不是孤军奋战。聊天也能将理论家转变为行动者，而那需要注入大量的现实思维——事实真相——你可以在本书中找到。在展开行动之前，我们有必要先了解难以避免的困境。如果你以为要参加的是少年美式足球赛，但是，在球场等待着你的却是纽约巨人队，早点知道这事总是利多于弊。

为此，这本书说的正是你未曾听闻的故事。本书的目标是提供一个模式，让你了解并克服企业环保工作的问题，拉开可持续经营谜团的帷幕——从为可持续发展定调、提倡并支持干净能源到打造绿色建筑和完成后续的推广工作——并毫不遮掩地教你该怎么做。本书也希望能协助你一边进行手边紧急的小事，一边研究更重要的问题。

阿斯彭是其中许多故事的中心场景，它代表一个群体的命运。本书反映出在一个光鲜亮丽文明的地方进行可持续工作的恶劣现实，乍看下或许有点奇怪，但就某种意义来说，这才是关键。我们即将了解到，解决气候变化问题是一项艰巨的工作。但它也是美好的、鼓舞人心、饶富趣味又意义深远。尤其是我们已经开始意识到，从壕沟望出去的景色，或许是最美的。

第二章

应对气候变化是当务之急

"美国现在就该采取若干措施，以有效及有意义的方式来降低碳排放量。"

——雷克斯·蒂勒森（Rex Tileston，埃克森美孚的首席执行官）

有些事情从来没有改变过。在高中毕业典礼上，毕业生代表一定会引用苏斯博士（Dr. Seuss）的《噢，你将去的地方!》（*Oh，the Places You'll Go!*）。而在企业可持续经营的会场，主讲人会试着给"可持续性"下定义（或许作为会议主旨），然后委婉地感叹这工作有多么困难。多年来，反复嘀咕可持续性的意义已成为一种陈腔滥调。无可避免地，主讲人会引用联合国布伦特兰委员会（Bruntland Commission）的定义："既能满足现阶段需求，又不会危及子孙后代满足其需求和发展。"建筑师威廉·麦克多诺（William McDonough）表示这个词应该是"持续性"，而非"可持续性"，后者是个难以理解的词语。这些定义侧重点有所不同，但可持续性的概念其实简单得多。

可持续性的意思是不论你从事哪一行，"让这一行能永远做下去"。如果你在经营滑雪度假村，那就意味着你必须一边应对气候变化的问题，一边以多种方式经营你的业务。如果你以养育子女为职业，可持续性的意思就是确保孩子有稳定的气候、干净的水、健康的环境来成长，以及确保财产和人身安全等等。

在你开始思考"可持续性"代表何种意义的那一刻，你必须先思考非常广泛的问题。无论你从事哪种行业，地球出现一丝一毫的毁损，最终都会危害你的事业。全人类的健康情况会影响你的客人和你的员工的健康水平，天然资源的不稳定与争夺战更会直接威胁人们的获利水平，就连全球性的贫穷与疾病都是由企业的长期问题导致的。上述种种以往都被认为是不同程度的挑战，需要各个击破。但迫在眉睫的气候变化问题却影响并整合了以上的全部问题，改变了算式。主要关注能源及环境的《经济学人》（*Economist*）通讯记者维杰·魏迪斯瓦兰（Vijay Vaitheeswaran）在其著作《给人民的力量》（*Power to the People*）中指出："如果有充分的干净能源（这是气候变化的根本解决之道），多数环境问题——不仅是空气污染和全球变暖，还包括化学废料及回收和缺水的问题——都可以迎刃而解，未来的经济也可以稳定持续增长。"

一言以蔽之，要让这一行能永远做下去，你必须阻止气候暖化。

←—— 全球变暖的严重性 ——→

辛好，目前大部分的美国人与多数政府领导人都明白气候变化不只是自由派一厢情愿的说法，而实为人类文明的一大威胁。尽管详载真实事件的科学研究数据已令人难以置信，但这个问题波及的范围已叫人目瞪口呆。

如果我在第一章提及的 IPCC 报告还不足以让你如坐针毡，那就听听世界顶尖级的气候科学家、美国国家航空航天局（NASA）戈达德太空研究所的主任詹姆士·汉森（James Hansen）的再三叮咛："如果我们在未来10年内不采取釜底抽薪的行动来降低全球温室气体的排放量，我们的孩子将会活在一个我们完全认不出的星球上。"（他上次说这番话是两年多前的事了。）他还指出："我们正处在气候系统临界点的边缘，再越过就没救了。"气象频道的气候学家海蒂·库伦（Heidi Cullen）说："我们知道地球有将近67亿的人口，已排放了22亿吨的碳，按这个速度下去，地球将变成一个大蒸炉。"

《纽约人》（*New Yorker*）杂志的记者伊丽莎白·科尔伯特（Elizabeth Kolbert）在其著作《气候变化灾难采访笔记》（*Field Notes from a Catastrophe*）中以这句令人毛骨悚然的话作为结语："一个技术进步的社会竟会选择自我毁灭，这看来或许匪夷所思，却是我们目前正在做的事。"

与普遍错觉相反的是，气候变化绝不仅仅意味着特定地区的气温将上升几摄氏度，然后在北达科他州建设柑橘林之类的。请记住：曾经气温只不过上升了几摄氏度（6度左右），冰河时代便宣告落幕了。因此，类似程度的变暖也将影响农作物生长及人口迁移（如果你认为卡崔娜飓风引发了难民问题，想想饱受水患之苦的1亿5千万的孟加拉国民众吧）。气候变化会影响火灾发生的频率和海洋的健康；影响我们取得干净的淡水和食物；影响疾病的传播。在非洲，建于高海拔处、过去不受蚊子侵扰的城镇，如今已经爆发疟疾。光是去年，疟疾就夺走了上百万儿童的生命，其中大多数住在非洲，且多数不满5岁。

正因我们眼前的危机大得难以揣测，现阶段的行动计划早已不足以应对。正如阿尔·戈尔（Al Gore）2007年夏天演讲时说，有望在2009年接班的美国总统候选人中，没有一个针对气候变化提出足以解决问题的适当政见，而且相差甚远。虽然这种情况在两党正式提名时已有所转变（贝拉克·奥巴马办到了，约翰·麦凯恩则陷入原始钻木取火的意识形态），但问题的严重性仍然让人望而却步。

我们必须做出哪种程度的努力呢？罗姆的著作《水深火热：全球变暖——解决途径与政治——与我们该做的事》（*Hell and High Water：Global Warming—the Solution and the Politics—and What We Should Do*）中有精辟的解说。他的分析是以普林斯顿大学教授史蒂芬·帕斯卡（Stephen Pacala）和罗伯特·索科洛（Robert Socolow）在《科学》（*Science*）杂志上发表的一篇文章为基础，上面写道：

想象一下，如果下一任总统与美国国会和世界主要发达及发展中国家联手推动积极的"50 年"方案，部署当前最好及最新的能源科技。假设 2010—2060 年世界会完成下列惊人的转变：

1. 我们将在全国及全球范围内复制加州的节能计划，以及住宅及商业建筑法（1976—2005 年加州的人均耗电量始终保持不变，美国其他地方则增长 60%）。

2. 我们将大幅提升产业及发电效能，并使用目前两倍以上的废热发电（也同时发热）。目前美国发电过程损失的废热，比日本用于所有用途的能源还多。

3. 我们将打造一百万座大型风力涡轮机（是目前能量的 50 倍）或等量的其他再生能源，如太阳能。

4. 我们将吸收 800 座预定建立的大型火电站（2000 年的 4/5）排放的二氧化碳，并将之永远储存在地下。二氧化碳流入地下的量相当于今天石油冒出地表的量。

5. 我们将维持现有核能发电厂的运作，并另外兴建 700 座大型核电站（是目前能量的两倍）。

6. 随着路上汽车和轻型卡车的数量将增长至 20 亿部以上，即现有的 3 倍多，我们将燃油的平均效能标准提升至每加仑 60 里（美国现行标准平均的 3 倍），而不增加每部车行走的里程数。

7. 我们将对这 20 亿部汽车应用先进的油电混合技术，使其在靠电力行驶一段短距离后，便转换成生物燃料行驶。我们利用世界 1/12 的农田种植高效益的能源作物。我们将另外打造 50 万座大型风力涡轮机，专门为这些先进的油电混合车提供电力。

8. 我们将停止一切热带雨林的砍伐，并将植树率提高一倍以上。

如果我们顺利完成上述 8 项非同小可的任务，让未来 50 年的全球二氧化碳排放量停留在 2010 年的水平，然后以某种方式让碳排放量从 2061 年开始锐减，我们将能让二氧化碳浓度稳定在 0.055% 左右。即使在这种情况下，气温仍会在本世纪稳定上升 1.5 摄氏度，2100 年后也会继续变暖。格陵兰的冰山可能还是会融化，造成海平面上升 20 尺。但我们已大幅减缓这个过程，或许也能够避免最糟的上升情况：40~80 尺，甚至更高（假设我们也采取了强有力的政策来限制甲烷及所有其他温室气体的排放）。

罗姆描述的每一项工作都是十分浩大的工程。让我们先花几分钟探讨核能发电和碳锁定的情形——这是我们在执行其中一两项解决方案时，势必会面临的艰巨挑战。

美国是世界第二大的温室气体排放国，在罗姆模型中，全球新建的 700 座核电站中大部分是美国建设的，我们理应承担相应的责任。乔恩·加纳（Jon Gertner）在《纽约时报》（*New York Times*）报道中说，除非有谁马上着手兴建新的核电站，否则美国的核能电力"将在 15~20 年后消失，因为现有的核电站的营运许可证将逐一到期。核能这种能量的来源将在 2050 年左右绝迹"。这是因为自 1978 年起，就没有任何一座新核电站获准兴建，而一座核电站的寿命大约是 50 年。若要取代美国现有的 104 座旧电厂，未来 40 年每 4~5 个月就得建造一座核子反应炉。但这些电厂光是要取得建造许可就得花上好几年。另外，要保持现有电厂全部正常运作，就得花上数百亿美元的经费，更别说再盖新的了。而我们甚至尚未举出以下事实：核电站正面临政治因素的干涉；有成本大幅超出预算而停工的历史；几乎所有营建成本都依赖政府补贴；是恐怖分子的袭击目标，也造成似乎无法解决的核废料问题；最后，如果缺乏巨额的政府补贴来让纳税人蒙受大灾难的风险，核电站根本无法运营。

罗姆主张的每一项必要行动都可能引发这种类似"阻碍难行"的争论。比如碳锁定（将二氧化碳贮存于地下）是这项计划的关键所在，但此技术尚未出现。澳洲科学家提姆·弗兰纳里（Tim Flannery）在著作《是你制造了天气：全球气候危机》（*The Weather Maker：Global Climate Crisis*）中解释道："若要把我们在地球制造的二氧化碳通通隔离起来，未来一两个世纪我们必须每天注入 12 立方米的二氧化碳将二氧化碳压缩成液态，以存放至地表深处，即地质隔离技术（Geo-sequestration）要做的事。这么一来，二氧化碳的量就会缩小许多，但仍相当庞大。"而就算我们顺利完成罗姆列出的每一件工作，我们也只是让大气中的二氧化碳稳定下来，而天气仍会越来越热！

平心而论，上述遏制气候变化的对策之中，有些似乎极为合理。例如《科学美国人》（*Scientific American*）在 2007 年的冬季刊登了一篇文章，表明美国如何在 2050 年前用太阳能面板供应 69% 的电力与 35% 的总动力。要达到这个数字，美国政府需在 2050 年前补贴 4 200 亿美元。既然我们每年都在伊拉克身上花 2 000 亿，也给华尔街 7 000 亿的联邦紧急救助金，4 200 亿这个数字不算什么。

鉴于气候问题的严重性和解决方案的多元化，我们必须花点时间理清哪些行动是有意义的。现在，许多精力都白白浪费了，却没抓到重点。重点很简单，也极具雄心：我们必须彻底减少碳排放量。

我不知道接过多少次类似这样的电话：

"嗨，请问是环境部吗？"

"是的。有什么需要帮忙的？"

"噢，太好了。我想问你有关月票的事情。有什么办法回收吗？"

我们的月票是信用卡大小的塑胶片。或者有时来电者会说："你们可以用玉米做那个吗？"

我的回答有时会激怒来电者。我说："如果你只把焦点放在月票上，你这是坐井观天。事实上，只注意这些微小而不相干的事情，你不仅仅是管中窥豹，而且会对环境运动构成不小的伤害。因为你根本没认清重点在哪里。"

也有人会把我拉到一边，说："嘿，我今天回收了一个铝罐喔！"——这很容易把我激怒，但这种事常发生。

作家及前麻省理工学院语言学教授诺曼·乔姆斯基（Noam Chomsky）曾经谈到有独裁倾向的政府为什么钟爱能吸引大量民众的运动——因为那可以分散民众的注意力而忽略真正重要的事情。如果你深入研究丹佛野马队的数据，或许就不会注意政府正在搞什么名堂了（比如外交事务方面）。

在阿斯彭，一家当地非营利组织近来大力推动一个"消灭杂货店塑料袋"的运动。嗯……两级冰山正在融化，美国中西部在 2008 年春天经历了水灾，这与近 20 年间的气候变化难脱干系；丹佛遭遇了史上最严重的干旱，2008 年 7 月的降雨只有 3 英寸；科罗拉多州大章克辛市就要打破连日来气温超过华氏 90 度（约摄氏 32 度）了，而我们还停留在禁用塑料袋的阶段。套一句网球名将约翰·麦肯罗（John McEnroe）的话："你一定是在跟我开玩笑吧！"

说到环境问题，人们很自然会把焦点摆在有形的、可行的事情上，例如回收。但这个焦点已成为完成真正要务的一大障碍，而我们似乎欲罢不能。

然而气候战争可不是只靠回收月票或改用帆布袋就能取得胜利的，也不是盖不耗电的房子、开以薯条油脂为动力的车，或是安装住宅太阳光电系统就胜券在握。这些图片不是毫不相干，但只是整张拼图非常小的一块——除非世界每个人、每个角落都这么做，而不只是在少数富裕而文明的小角落。

← 切尼是对的 →

前副总统迪克·切尼（Dick Cheney）称这类个人环保措施为"个人美德"，而非全国性的能源政策。他也指出，安装节能灯的确不错，但不会为蒙大拿州人或纽约人保暖，也不会阻止冰山融化。因此，虽然心中百般不愿，我还是得承认，切尼是对的。

能认清气候变化的规模进而予以反击的行动，才是有意义的行动。而改开 Prius 油电混合车、安装太阳能光电板或更换旧冰箱，是解决不了问题的。光靠这些是不够的，况且对于我们能够采取的行动，即使每一项的成效都发挥到了极致，对最终的结果也无足轻重。这不是说我们不该采取这些行动，它们很重要，只是我们不能就此满足。除非这些个人行动能通过政策法令在全球各地发生，否则我们也只是从泰坦尼克号上救一个茶匙罢了。你个人能做些什么来减少碳排放量并没那么重要，重要的是如何让地球上的每一个人都做你在做的事。这两个行动都极具意义，但较大的视野比较重要，也应该是我们关注的焦点。

可惜，我们很多人都将个人措施视为终点。最近，我收到一封批评阿斯彭滑雪公司环保工作的电子邮件，它这么写着："希望你们能接受我的批评，就当它是个善意的提醒，我们很多人让车子有 3/4 的时间停在车库里、向支持农业的社团购买产品、尽可能重新利用每一样东西、只在必要时才开冰箱、冬天也始终让省电辐射暖气系统维持在华氏 62 度（约 16 摄氏度）……"

这封邮件在两方面让我不安。首先，它带着自以为是的语气——对这位小姐感到厌烦的人，可能比她说服的人还多。其次，她的语气还传达了一种观念：人只要独善其身，就可以不必采取更广泛的行动。更可怕的是这封信说明了：一般民众完全不了解问题的严重性。虽然气候变化问题亟待解决，但绝大多数的美国人，以及诸多环保人士，似乎仍将成败寄托于个人行动上。

这点在下面这个日常话题之中展露无遗：多年来越野车被妖魔化（"环境保护论者"一直鼓吹的观念）。这个现象值得我们深入探究，以便了解我们为何需要一个更新、更广阔的焦点。

← 越野车不是恶魔 →

憎恨越野车和其驾驶者的心态已经持续很长时间了。环保团体鼓励突击队把"我在改变气候，问我该怎么做"的条幅贴在那些大型的"违规车辆"的保险杆上。一个名叫"空洞地球"（Earth on Empty）、以马萨诸塞州萨默维尔为大本营的团体正四处以"不注重自身举止"及其他罪行为名，对越野车大开罚单；山丘协会（Sierra Club）则在给福特发动机冲程取了"瓦拉兹"的绰号之后，涉入福特公司的决策，把那头"怪兽"打入地牢（它于一场测试中，每加仑汽油只能在室内跑3.7英里也是一大主因）。几年前，石原农场奶酪（Stonyfield Farm Yogurt）公司还参与了公共广播电台《聊车》（Car Talk）节目发起的活动：在越野车保险杆上贴上"活得宽广些，车开得小一些，不是每个人都需要越野车"的条幅。在全美各地，越野车在环保黑名单上的排名已经超越DDT和大水坝。宗教团体甚至发起WWJD（What Would Jesus Drive? ——耶稣会开什么车）运动。

人们对越野车的成见事出有因。由于每一加仑的汽油燃烧后会排放20磅的二氧化碳，耗油的越野车自然成为地球变暖的罪魁祸首。燃油效率每提升5里/加仑，一部车"终其一生"就能减少10吨的碳排放量。

姑且不论地球变暖，越野车也比一般小客车多吐出30%的一氧化碳和碳氢化合物，以及 75% 的一氧化氮。这些污染物是烟雾的前身，还会引发哮喘及其他疾病。假如越野车的燃油效率和一般小客车相同，我们每天能省下 100 万桶的石油，相关罪状罄竹难书。

尽管反越野车运动的理由充分，但与之抗战或许是环保团体的失误。

首先，大部分开越野车的人，或许都自认为热爱户外生活。这跟选择四轮驱动车有异曲同工之处。而热爱户外生活的人，通常也具有环保意识。对这个群体大加责难简直是在疏远同伴。你在 80 号洲际公路上或许不喜欢跟在越野车后头，但那名驾驶者在他的社区里说不定会投票赞成法定空地、支持野生地法案，甚至捐钱给山岳协会。如果再督促一下，他或许会支持更积极的环保措施。但如果你鬼鬼祟祟地在人家的保险杆上乱贴，就会使他们变得偏激，导致他们讨厌"环保人士"，而开始以其他身份来界定自己。

这再次证明环保人士不该采取"让你的邻居明白他们（开越野车的人）有多坏"的途径，这会让人分心。工业和政府部门都热爱具有教育意义的"做对的事"方案。这种做法等于把责任推给大众，让汽车制造业者继续做这门生意，我行我素——因为越野车背后的动力（利润）比任何运动都大。而趁我们叱责友人怎么可以把铝罐扔进垃圾桶的时候（或是抗议冬天时阿斯彭市中心所设置的户外火炉，这主意烂透了，但对它耿耿于怀也是弄错焦点），政府便可为所欲为——反对战争、阻止运动、折磨民众。

这就是诺曼·乔姆斯基为什么说独裁政府钟爱观赏类运动。这类运动会让人众忽略真正要紧的事，他们的眼睛不会去注意政府在做什么。小布什在两届总统任期内倾全力支持大众把焦点摆在人人可自愿去做的鸡毛蒜皮之事（他也再三强调这种做法的重要性），因为这能卸下他身上的压力：民众无暇督促他采取更广泛的政策行动。

反越野车运动已经分裂且瓦解了两个团体：环保人士及越野车团

体。人们开越野车不是因为他们是坏蛋，而是因为没有其他价格相对便宜且燃油效率更好的车种能提供同等的安全、便利和舒适感。人们并不想回家跟孩子们说："我今天严重地破坏了地球。"正常的情况下，人们会想做些好事，但如果别无选择，他们也只能以常识作决定。而既然他们开了越野车，许多原本善良的人都觉得不能再自诩为"环保人士"，因为那很虚伪。但这其实不是他们的错——他们是受产业和政府的逼迫，才处于这个尴尬的处境。

这就是环保团体该集中精力、发动真正变革的地方。乍看之下，环保人士和越野车驾驶者或许势如羊与狼，但就连这两种敌对的动物也有若干共识：他们都需要干净的空气和水源、健康的小孩、稳定的气候和美丽的风景。

我们不能这样疏远这整个团体，毕竟问题不在于他们的个人选择，而是我们这个国家要制造哪种类型的车辆。这不是你、我或那些足球妈妈（Soccer Mom，住在市郊的中产阶级的全职太太，重视孩子的教育，多半会开着越野车载孩子参加课外活动）的问题，而是我们大家一起要面对的问题——为了自己和孩子，提出需要什么样的车子，以及什么样的未来。

没错，我们是该鼓励人们不要买越野车——如果这样不会让他们变成电台名嘴拉什·林博（Rush Limbaugh）的忠实听众的话。消费者的选择信息固然会传送给业界，但既然气候政策必须打持久战，而长期抗战又需要民众的支持，所以我们不能冒险排挤一群本应为同伴的团体。

← 启蒙的机会 →

人们把焦点放在回收汽水罐之类的个人实际行动上，部分原因在于气候问题的严重性大得让知情者简直想干脆放弃。减少 90% 的二氧化碳排放量是什么意思呢？很难想象世界会变成什么样。因此，解决气候问题的关键就在于态度。我们要如何把气候变化看成一件赋予我们权力，而非吓得我们屁滚尿流的事情呢？

首先，我们不要把气候变化当成世界末日。气候变化不是世界末日，更重要的是，美国人尤其不可能被"天要塌下来了"的预言激怒，就算真有其事，我们也不该这么以为。因为有史为证，人类一直能凭借技术或运气克服这些预言（如人口过剩、千禧虫和臭氧层被破坏等）。何况还有一点极不确定，我们无从想象诸如此类的挑战是大是小。黑死病夺走欧洲人 1/3 的性命，但那是 1348 年的事；我们未曾经历过真正的浩劫，也没有这种"社会记忆"（social memory）。

我们可以用另一种方式看待气候变化：一个规模犹如启蒙运动或文艺复兴的运动，一个绝无仅有、能永远彻底改变社会面貌的机会。我们绝对有能力进行如此大规模的社会革新，因为我们曾经做过。

当欧洲逐渐挣脱中世纪的黑暗后，它就告别了一个充满非理性的迷信时代——神话，而非理智支配了人类的生活；恐惧，而非乐观，是那段日子的真实写照——进入理智与理性的年代。启蒙运动造成了不小的重创，但它最后改善了人类生活的每一个层面，从医学到法律、科学及政治。就像启蒙运动，应对气候问题也将需要上百年的时间，并将全面动用社会的资源、财力、智慧、想象力、政策和技术。

在一个以干净能源高效率运作的星球（也就是已经解决了气候问题的世界）上，现有的污染将消失一半以上，解决其他疑难杂症如贫穷、饥饿、疾病、干净水源的获取等问题的阻力也将大幅缩小。世上不再有争夺水、油等稀有资源的必要，战争也不容易发生。许多与现代能源的制造和使用有关的健康危机——我们血液中的汞、摧毁湖泊森林的酸、我们肺里的油烟、城市里的毒雾——都将消失。当采矿、钻探和砍伐等行为被更干净、污染较小的可更新的技术所取代时，我们获取财富所依赖的大自然将能再现勃勃生机。

当遇到一段特别难行的河段，水手会先勘探路线、勘察所有障碍，规划一条安全路线来穿越岩石、洞穴和澎湃的波浪。然而，在某些时间点，多数划船的人会厌倦勘探的过程，他们急着迎接挑战，于是划船就走。

我们对气候问题的调研，已经考察得快没命了。是的，这项工作浩大得令我们胆寒。但这是千载难逢的机会，或许是一个新物种出现的机会。就像启蒙运动的领导者无不自视为勇敢、能干、可寄予厚望的人物，美国人也乐意正面迎战气候变化。就从现在做起！因为应对气候变化，以及一切我们必须针对能源进行的相关工作，都是为了我们下半辈子的晚餐着想，我们或许该细细品味，甚至开始享受这场战争了。

◀—— 解决气候变化就像挑战巅峰时期的拳王阿里 ——▶

好……可是……亲爱的主！我们该怎么做？我们也想努力解决问题，但它的前景令人失望。这就好比你受邀上场，与巅峰期的拳王阿里对打 15 回合。你的反应一定是："不用了，谢谢。"但面对气候变化，你别无选择——有人拿枪抵着你的脑袋，你非战不可。所以你该怎么办？一个选择是畏畏缩缩进入护栏里，让阿里打到你头破血流而亡。但你还有另一个选择：大胆一试！你大可迂回、跳跃、摆动、躲闪——挥出你最好的一击，说不定会很有乐趣。假设你懂一点拳击，说不定那家伙自称"能打碎砖块"只是吹牛。毕竟你别无选择，你还是会被痛扁一顿，但你至少挣扎过。至少会有人为你祈祷、福星高照，把他击倒。

我们与气候变化之间的对峙就处于这种情况。那不只是我们这个时代的一个情节，而是套用一句美国广播公司记者比尔·布莱克摩（Bill Blakemore）的话——"这是唯一的情节。"以往有其他意义的字眼，如"环境保护论"、"政府"、"亲子"、"公民权"和"宗教信仰"，现在就跟"可持续性"和"商业"一样，意味着有必要应对气候变化了。

我有一个 4 岁大的女儿名叫威拉。以往在公开演说时，我常把她的照片投影到屏幕上，说气候变化终将成为她的问题。但这一两年来，我已经了解这一点都不是她的问题。问题不是她造成的，而到她长到足够大，可以动手解决问题的时候，早就来不及了。那主要是因为我们今天所作的决策——建造生命周期 50 年以上、专门排放碳的煤炭厂，以及生命周期为 100 年的不节能建筑——更别说我们制定的政府决策都祸及子孙。这不是威拉的问题，是我们的问题。

这个事实让人气馁，却又鼓舞人心。鼓舞人心的地方在于就像划船比赛和考试一样，有时知道准备时间结束了反而落得轻松，反正，做就对了。

我一直在催促公用事业局的局长多多改用再生能源，最近他总算同意我们的主张，但坚持慢慢来。我必须再三强调《纽约时报》记者汤姆·弗莱曼（Tom Friedman）的一句话："这不是你爸妈那代的能源危机。" KPCB 创投公司的创办人尤金·克莱纳（Eugene Kleiner）常挂在嘴边的："有时恐慌才是适当的反应。"上路的时间到了！我们不能做胆小的行动者，我们必须是直接杀入战场的维京海盗，而且做好受伤的准备。

←—— 最重要的事 ——→

作家保罗·霍肯（Paul Hawken）在被问及对于我们应对气候危机的能力持乐观还是悲观态度时，他回答得很巧妙。他说，如果你看过研究当今全球环境问题的科学资料而不感到悲观，那你的资料　定是错的。但如果你见过世界各地致力于处理这些问题的一些朋友而不感到乐观，那你就太冷漠了。

以往我会在名片背面引用勒内·杜博斯（Rene Dubos）的一句话："趋势不是命运。"博学多才的杜博斯是法裔美籍微生物学家、

31

实验病理学家、人类学家和普利策奖得主，也是"全球化思考，本土化行动"（Think globally，act locally）这句名言的创造者。杜博斯的大半辈子都致力于疾病研究，以及影响人类福祉的环境和社会因素的研究。他协助发现了重要的抗生素，并在结核病、肺炎和免疫学等领域有突破性的研究。

他生性乐观，主张人类和自然都具有一定的恢复力，会逐渐了解环境问题，也会有更强的能力来解决这些问题。"趋势不是命运"一句完全反映了杜博斯的个性和人生志愿。这是一句隐含了无穷希望的声明。

然而，就现状而言，这希望或许太大了些。气候变化无时无刻不在发生，甚至无法避免。就算今天我们完全停止排放二氧化碳，我们过去的所作所为仍会让气温上升一两度。所以我明白我需要一句新的引言，一句能让人们明白身体力行的必要，给人们勇气的话。

最后我引用了查尔斯·布科夫斯基（Charles Bukowski）的一行诗。他是一位诗人、作家，也是一个邮差、酒鬼。他大胆写实的作品风格广受欢迎，但从未被主流接受。我有一张他的照片，照片中他正一边抽烟、一边喝酒。他喜欢喝酒，也爱打架。他这行有名的诗句——现在我已经印在名片背面——是这么写的："最关键的是你赴汤蹈火的功力。"

第三章

企业可持续发展

> "唯有我一人逃脱来给你报信。"
>
> ——《约伯记》（第 1 章第 15～19 节）

你不会想到可持续性发展的改革会在科罗拉多州阿斯彭市的小尼尔酒店这种地方开展。这里是美国暴饮暴食的重镇，奢华的摇篮。尼尔酒店有 90 个房间，定价从 500 美元到 5 000 美元，价格不等。该酒店的标语是："坐落阿斯彭山脚，小尼尔结合了小客栈的朴素和大酒店的奢华。"从以下事实可以看出这里的服务有多么细致：美国有 84 名顶级的品酒师，其中 9 名在科罗拉多州，而尼尔酒店就拥有其中 2 个。其他酒店视为无理的客房要求，在这却是家常便饭。房客通常支付 30 美元给员工，让员工在他们外出时照看他们的宠物，不是带出去溜一溜——这要另外付费。不久前，一架私人飞机降落在阿斯彭市。机舱门打开，楼梯放下，这时一只狮子狗走了下来。它被它的主人遗忘了，那位主人在哪里呢？对，你一定猜到了。还有一位"绅士"因为没拿到他点的两片薄煎饼便怒不可遏、大吵大闹。一位女士给门房 200 美元，外加 100 美元小费，要他在复活节晚十点前帮她女儿买好篮子，因为去年她就忘了。还有一个名门望族后裔大发雷霆，因为他的英式松饼没有先切好。

你可以说尼尔酒店是资源浪费的典型。因此就某种意义而言，它与可持续经营南辕北辙。地球要可持续发展，或许最好能摆脱尼尔这种铺张浪费。但同时，我们却没有一挥就能让尼尔消失的魔杖。我们的底线该画在哪里也不明确。我们该抛弃尼尔、留下 6 号汽车旅馆吗？或者 6 号汽车旅馆比起墨西哥市和巴格达市郊的贫民窟来说也算是豪华？不可抹杀的事实是，你在全球经济体中每消费一美元，其中便有几美分会制造改变气候的碳排放量。因此，精挑细选哪些产业可被接受、哪些不被接受，无益于解决气候问题。我们必须做整体性的修正——使得在你滑雪、入住酒店或开车上班的时候，对地球造成的冲击比今天小得多。

假设我们必须调整所有产业和整个经济体——不管那看起来有多荒谬——并认清大气并不在乎温室气体污染来自何方，尼尔就成为我们这行所谓的"多目标环境"（target-rich environment）。那是因为传统上，提供最好的服务就意味着向客人投注大量能源。这样一来，在尼尔节省能源就像瓮中捉鳖。因此，阿斯彭滑雪公司决定在此展开其可持续经营工作，尽管（或是因为）你能在这里买到一瓶 1 万美元的葡萄酒。

◀━━ 从智囊团到车库 ━━▶

第一次到阿斯彭滑雪公司时，我刚挥别非营利组织，也已经结束了洛矶山研究中心（Rocky Mountain Institute，RMI）的可持续经营的培训课程。RMI 是可持续经营领域数一数二的机构，如果要我举出在那里学到的最重要的事，那便是"节能是一石二鸟之计——对效益及环境都有益"。我也学到"在商言商"的理念。如果你给他们绝佳的投资回报率（30%以上），他们便会乐意去做。在我离开的时候，我牢记着中心创办人艾默里·洛文斯（Amory Lovins）的一句话，他说更新照明设备——提供更好的光线、节省能源且具环保效益——不只是免费的午餐，而是你吃了还有钱拿的午餐。这在当时及现在都是不可思议的主张，艾默里也无疑是"如何解决气候问题"这个主题最重要的思想家之一。

到阿斯彭尼尔酒店上班的第一天，我就和穿得非常体面的总经理埃里克·考尔德伦（Eric Calderon）见了一面。"我们要做以下事情，"我说，"我们要把你的90间客房中的每一盏灯都换成节能灯。"我选择以更新照明设备开头，是因为那是可持续运动的辅助轮：向来有利可图、通常看得到进步，也相对简单明了。我继续说："它们的寿命是原来的10倍，所以新灯泡的成本其实比较低，员工也不用花那么多时间更换。能源消耗量可因此降低75%，我们不到一年即可收回成本。而最棒的是，它对环境有益，每年能减少好几吨的二氧化碳（最主要的温室气体）排放量。"

埃里克说："不，我们不要这么做。"

我迷惑了，我以为商人不会拒绝赚钱的机会，不到一年就收回成本，相当于100%的投资回报率。他回答说，他不希望客人进入昂贵的五星级房间时，迎接他们的会是令人想起手术室或厨房的日光灯。他不希望灯闪了老半天才亮，不想要感觉冰冷、还不时嗡嗡作响的蓝光。

他说："你去拉斯维加斯住6号汽车旅馆，他们会用节能灯。但尼尔不是6号汽车旅馆。"

你猜怎么着？埃里克是对的。他是一个堂堂正正而极富幽默感的家伙，他明白保护环境的必要性。10年后，作为加州奥百吉度假中心副总裁的埃里克，委托专人全面审核旗下所有酒店的能源消耗情况。我跟他交情匪浅，但他也是美国顶级奢华酒店的经营者，有分内工作必须执行。如果危及他的工作，他会丢掉饭碗，然后就更没有能力来节省能源了。

事实上，在我向埃里克建议更换照明设备时，多数制造商都以日光灯泡来解决那些老问题，但埃里克有美学上的思考，而且是以不久前的技术为根据。我以为我提出的是一个省钱的点子，但对埃里克来说，它是一个亏本买卖，因为它威胁了他以往用来创造收入的工具——华丽的房间。

埃里克不希望日光灯出现在他的酒店，还有另外一个理由。每年，都会有一位神秘嘉宾来到尼尔酒店。那位嘉宾是埃克森美孚（或 AAA）的五星级的稽查员。他或她会在餐厅用膳、品酒、与品酒师们聊天，或许会让侍者去同一条街的小奥利餐厅买点中华料理。这位嘉宾要评估服务质量（如察看床单的针数及灯光效果）。"如果稽查员看到我们房里有节能灯，他会把我们降成四星级。"在五星级酒店的世界里，那不仅仅是不好的东西——而是世界末日。

同样，我们不能责怪埃里克有此顾虑，多数环保人士也是如此。于是，他们失去了一个潜在的盟友，也把一个好人赶出了他们的事业。我打电话给埃克森美孚和 AAA，他们都告诉我，他们的评分制度中没有由于节能灯的使用而降低酒店等级的规定。但那不是重点，重点是，如有让稽查员在潜意识里觉得你品质欠佳，那就是高得难以承受的风险。多花点钱买能源固然不行，倘若再失去五颗星的等级，你的事业就玩完了。

那怎么解决呢？非营利组织或可持续经营顾问企图从"绿色愿景"中牟利，绝对不会教你方法。我接受失败，放弃了。

我告诉埃里克，我了解他的顾虑，我也不会再建议更换房间照明设备。反之，我走下楼梯，进入漆黑一团、占地两层楼的停车场。

← 报废的简易烤箱 →

有一种名为"简易烤箱"的儿童玩具，如果你年龄在 30 岁以上，或许会记得一个叫贝蒂·克洛（Betty Crocker）的烤箱。这个装置是用灯泡来加热小型的派或面包的。小时候的我总是觉得奇怪，这种烤箱怎么会用灯泡作为热源，灯泡不是用来发光的吗？烤箱的目的是烹调食物，不是把它照亮啊。但事实是这样的：灯泡刚好是会发光的小型加热器，而且它是以非常迂回的方式运作——加热钨丝，使之变热、发亮。用小型加热器提供光线就像是用一堆电脑为你家客厅供应暖气一样——有效归有效，但也太笨了吧！

小尼尔酒店停车场的 175 瓦的灯泡，就是你会在高中体育馆见到的那种啤酒桶型的灯泡——需要半小时"热身"（因此需要请体育馆管理员每天一早先来开灯）、成天嗡嗡叫、不到中午就会把体育馆变成桑拿房。然而尼尔停车场的照明设备和高中体育馆灯光不同的地方是，那 110 盏灯泡是一直亮着的。

这些灯泡带来了数千美元的年度开销和数十万磅的温室气体排放量。事实证明，我们可以用直管日光灯取代这些耗能的"简易烤箱"灯泡，而省下约 2 万美元的成本。算式如下：在花了第一笔安装费用后，我们每年可以省下 1 万美元的电费，因为新灯泡和镇流器可以替每一组装置省下近半的瓦特数。同样令人高兴的是，全新 T8 型灯泡的寿命是旧型灯泡的两倍，价钱则比旧款便宜 1/10。维修人员不必花那么多时间更换灯泡（多出来的时间便可满足顾客的需求，如修马桶和照看顾客的宠物），酒店也不必花那么多钱更换昂贵的灯泡。

收集好所有资料，我便带着我的提案回去找埃里克。我说我不考虑客房了，但何不从停车场着手呢？

你猜，他怎么回答？

"不了。"他说。

我提出的是一项投资回报率 50%、两年回本的计划——那种我以为商人一定不会拒绝的生意。况且这个方案不会影响顾客，因为所有车辆都是服务员泊车的。事实上，它应该是有积极贡献的，因为它能让维修人员轻松一点、为泊车服务员提供更好的光线——这些服务员驾驶高档汽车绕开水泥柱的经验非常丰富（酒店其实已经多包了一层毯子来避免昂贵的修理费了）。埃里克究竟为什么要拒绝呢？

他的理由在任何探讨可持续经营的书籍或启发灵感的演说中都找不到。埃里克指出，他是借着销售产品来赚钱的，他的产品就是绚丽的酒店。如果预算多出 2 万美元，他会把钱花在织得更密的床单、更精致的皮革家具，或改善价值百万的贮酒设备或卫浴环境上。他不会把这有限的资本花在顾客看不见的地方。还有一个场景不同而道理类似的例子：在我们的一座山庄，物业服务主任彼得·霍夫曼（Peter Hoffman）需要修理漏水的屋顶。成本——光是修理漏水处，而不是做任何别致或环保的东西——就高达 4 万美元。当时的山庄经理说："4 万美元可以开一条小路了。花 1 000 美元把它修好，然后我要开小路。"

埃里克一直教育我所谓"现实世界"的观念，但他其实和我一样关心环境问题。

我一直在两个问题上挣扎：思维模式和资本效率。酒店经理不认为他们可以靠节约来赚钱——赚钱要靠销售。但事实上，出租房间只能赚取那笔销售额的某个部分，其他部分则被日常开销吃掉了——维修、水电、人事等等。相比之下，100% 的能源节约却能直接反映在成本底线上，并逐年累计，直到永远。在许多方面，节约能源都是任何企业更好的赚钱之道。但五星级酒店很难着眼于此（"我们的产品极尽奢华……又节能减排"的杂志广告看起来不伦不类）。

要如何推广新的思维模式只是问题的一部分。我也在和另一个现实世界的顾虑作斗争：缺乏可利用的资本。这是个向来被忽视的问题。如果没钱，世上所有绿色哲学根本毫无意义。这也是尼尔酒店面临的情况。

因为我了解埃里克的立场，也没办法变出钱来，只好把问题留给高级管理层，希望在他们了解更换照明设备的商业价值后能为酒店觅得财源。

◆──── 证明节能：约翰·诺顿与脚踏车启动时的灯光 ────▶

一位高级主管对此构想的直接反应是："我不相信那种灯管可以省钱。"

"请等一下，"我说，"这是有事实根据的。我有工程估价，能算出这个构想可以节省多少经费。"

"我不在乎，"他回答，"我还是不信。"

"可是《财富》（*Fortune*）全球五百强企业都在做类似的节能工作。"

"我不在乎。你说这能节省能源，证明给我看。"这位主管说明了他的顾虑：我们这是依据假设性的回报率投入资本，而没有任何真正的实例来回头勘察实质的回报率。而那些资金大可投在已证实有100%投资回报率的计划中，或非做不可的案子中，如修理漏水的屋顶等。这是符合逻辑的，绝非蓄意阻挠。

所以下一场会议，我给公司的资深副总裁、财务总监、首席营运官和首席执行官带了两样东西——一只瓦特计和一辆脚踏车。

那支瓦特计是用旋转电表来计量灯泡所耗的能源，就跟你家的电表一样。当我把一盏标准的白炽灯泡放进仪器中，指针转得飞快，还发出蜂鸣声。接着我切换开关，打开一盏节能灯，指针明显慢了下来。事实上，相比之下，它简直跟没动一样。

趁这个时机，我请公司首席营运官、体格健壮的前海军陆战队员约翰·诺顿（John Norton）骑上脚踏车，脚踏车连接着一排灯泡。我可以通过开关开启 4 只白炽灯泡或 4 只节能灯泡。诺顿热爱泛舟、滑雪且以环保为终身信念，目前住在白头山一栋非常节能的房子里，他答应了我的请求，兴致高昂地跳上脚踏车。开启白炽灯泡时，他就开始冒汗。我任他踩了好一会儿，幸灾乐祸，让他在高层管理团队面前使劲挣扎（虽然他会否认）。最后，我拉上开关，把他产生的动力转给节能灯泡。他开始踩得不费吹灰之力了。显然，节能灯泡需要的能源少得多。

然后我使出杀手锏：我已经把更新灯泡的构想送交给当地一家致力于节能事业的非营利组织。该组织有一笔资金可用于支持减少温室气体排放量的计划。我们的计划利润丰厚——如果执行顺利，往后每年都可减少 30 万镑的二氧化碳排放量——因此这个组织同意拨出 5 000 美元的补助金支持这项计划。现在，我一边挥舞着支票，一边告诉这群高级主管，如果我们做这个，投资回报率可达 75%！

有人说："我还是不相信能省这么多钱。我想亲眼看到账单金额随着灯泡更新而锐减。"这种论点当然合理，但以下也是事实：怀疑灯泡节能效果的人，多半信仰上帝。要让人相信照明设备可以节能，有时比要他们相信超自然力量的跳跃性更大，由此可知节约能源是一件多么困难的事。

这里的麻烦在于所有的质疑都是合情合理的。我也不是在跟生态破坏者打交道。这些都是聪明、亲切、忧心忡忡而具有环保意识的人们。但即便是在我们这样的公司，也很难忽视这个事实：在任何公司会议室，唯一重要的事情便是账单金额的减少（或是利润的增加）。而那不是邪恶的事——那是公司的本质。公司不是为了保护世界而生的。

不幸的是，证明节能可以盈利远比你想象中要困难。要确切证明新灯泡能节省能源，我们必须去停车场现场测量，把那些灯泡安装在独立的电路上。那固然可行，但费用不菲。电工的酬劳每小时高达100 美元，安装现场测量系统更会侵蚀大半我们预期将省下来的经费，降低原本强劲的投资回报率。然而，如果我们不去停车场现场测量，我们很可能看不到尼尔的总电费有所下降。为什么？因为虽然更换停车场照明可省下惊人的费用，但在酒店的总电费账单里，照明费用只占一小部分，还有许多其他开销比停车场的灯泡更令人注目——供冷藏设备、融雪系统和通风设备运作的电，以及建筑物其余所有灯光使用的电等等，不胜枚举。就算停车场省下 75% 的费用，也可能不会反映在总账单上——较冷、较暗的冬天，食物储存及使用方式的改变，还有其他林林总总的事件都能使电费无视此次改装而节节高攀。

所以，环境部主任该怎么办呢？这项更换照明设备的计划已经提交 5 年了，也一直基于上述理由被退回了。

可持续经营改革该何去何从？如果我们连投资回报率有 75% 的改装都做不到，又怎能寄望日后进行更困难的工作呢？

←—— 成功有时也会痛苦 ——→

灰心的我求助于当时的首席执行官帕特·欧唐诺（Pat O'Donnell）。我们的环境部是他一手开创的，而他也是阿斯彭环保工作背后的道德力量。一辈子热爱户外运动和攀岩的他是一个硬汉，也特别关注人们的疾苦。他是第一批登上喜马拉雅山脉的安娜普纳峰的美国登山队员。那是场灾难，他的队友有半数在一场雪崩中遇难。帕特也曾没带帐篷或睡袋，一个人走完位丁加州、全长 240 里的约翰·缪尔山径（John Muir Trail）（一晚被一头熊给吵醒，它啃着他枕着的背包），只因为他的朋友告诉他该这么做。他 64 岁，声音沙哑，正儿八经，剃个光头，神似通用电气前首席执行官杰克·韦尔奇（Jack Welch），每天早上健身 3 个小时，令很多人闻风丧胆。他最有名的一句话是："我对痛苦有高度的忍耐力。"这个特质也表现在许多不寻常的对话场合。一次，他跟我说我握力不强，我不服，那顿午餐便成了我和帕特的握力赛。他压倒了我的手腕，而后我又掰了回去。虽然当时我们说比赛打了个平手，但我现在可以老实跟你说，他赢了。

"帕特，"我说，"我们现在是在做什么？我做这份工作有什么意义？如果我们连这节省成本的改装都办不到，就什么也做不成了。如果我们对于最简单的方案都无能为力，干脆把我的部门撤掉算了。"

帕特要求埃里克执行这个案子，哪怕它会超出预算。这其实不太公平，因为埃里克的预算和计划都会受到影响，还可能会导致酒店营运出现问题。但新预算的编制得等一年，等待似乎是不太好的——我们等于是让一万美元的账单搁在桌上，因此埃里克实现了更换照明设备的计划。

就在该计划完成后不久，一个贼闯进了停车场，从一部豪华轿车里偷了一个钱包。当他正要从出口坡道逃跑时，被一名维修人员逮住。就我个人的看法，这正是新照明设备的附加价值。若没有新的照明设备与好的能见度，那个贼或许就溜掉了。事实上，就在照明设备更新之前，一名泊车小弟把一部路虎越野车"开进"了财务部。微弱的灯光当然和那次意外有关，虽然管理层也有其他怀疑。当一切尘埃落定后，我问埃里克他怎么看待那些灯光。他笑了笑，说："它们看来富丽堂皇！"

← 环保优点的级联效应 →

尼尔停车场的新灯光固然很棒，但还有另一个问题：这两层楼的停车场味道跟臭水沟一样。

单方面来看，这或许不成问题——客人不会走到停车场里头，所以那顶多是造成员工的不便。但有时候当泊车人员把保时捷、阿斯顿·马丁和其他名贵跑车开到正门时，车内仍留有浓烈的臭味。这样是不行的，但员工不知道怎么解决这个问题。他们打开停车场的排风扇，却徒劳无功。若一定要说有什么变化，味道是不减反增了。短期而言，他们放弃了尝试，决定搁置这个问题，因为工程部门还有别的事要干。

其中有一件事把尼尔酒店带进了能源管理的新纪元。在更换照明设备一事大获全胜后——部分也是受其鼓舞——一位有节能经验的新工程师到尼尔酒店任职。他提出申请，要酒店出资安装节能系统（EMS）。简单地说，这样的系统相当于整间酒店的大脑。它能让你随时在电脑屏幕上看到酒店正在发生的事情，也能让你以程控式的定时器在远距离操作设备开关，且更容易诊断问题。所有新建的大酒店都设有这类系统，但尼尔这样的顶级酒店却没有。

这位新任工程师表示，这样的系统有相当合理的回本期——大约7年——花了25万美元安装后，它每年可省下约4万美元的能源成本。工程师获得了许可，委托一个承包团队安装了该系统。

好几件事情立刻变得明朗化了。在安装过程中，把所有东西电子化，使其能和中央电脑"对话"——承包商发现屋顶的融雪"加热带"（冬季必备，可以避免危险的、有破坏性的"冰封"）开了整个夏天。他们把它关掉，并进行了系统设定，在每年春天自动关闭。要节省能源，有时候你只需要搜集简单的信息——或仅是走出办公室。

接下来，技工发现酒店同时让3座福斯金龟车大小的锅炉以华氏200度（约93摄氏度）的高温运转。这远高于加热酒店用水所需的温度（就算是有钱人也不必洗华氏200度的热水澡）。这不仅浪费——就像你一直让炉上那壶水保持沸腾，以免你突然想喝茶一样——也有安全风险：孩子，甚至成人，都有可能被热水烫伤。

我们的技工关了两座锅炉，并把剩下的一座调至较合理的华氏160度（71摄氏度），即刻节省了能源，减少了温室气体排放，降低了危险，也提高了酒店盈利。

然而，问题来了，当时酒店的某位高层管理刚去了一趟太阳谷，那儿的一家酒店有超大型的热水池。公司的结论是："我们也想让我们的池子冒出蒸气，营造氛围。"

"那很简单，"技工说，"你只要把池水温度从华氏 85 度（29 摄氏度）调至 102 度（38 摄氏度）即可。唯一的问题是，你们将造出阿斯彭最大的热水池。"

但那正是尼尔酒店想要的。

于是池水变成华氏 102 度，锅炉节省下来的钱瞬间化为乌有。

一名员工建议酒店在夜间把池子遮盖起来，那可以省一大笔钱——遮盖物的造价只要几个月就可回本，而他得到的回答是："可是那样就看不到蒸气了。"

我说这个故事不是为了痛骂酒店老板。你想要一座热水池的道理是说得通的。其中之一是：尼尔酒店是一个经济实体。事实证明如果你有一座温水池——基本上就是大型热水池——吧台就能卖出更多高利润的酒。于是池子将变成获利中心，不只是成本，何况威士忌的收益还远高于能源消耗的成本。后来，总经理约翰·斯皮尔斯（John Speers）在新任工程顾问马克·费兹杰罗（Mark Fitzgerald）的支持下，又将温度调到合理的水平，使用一个锅炉，并在夜间将水池覆盖起来。费兹杰罗光靠"把东西关掉或调低"，一个月便省下 3 万美元。

尽管遭遇了一些波折，安装人员还是勇往直前。他们发现非常耗电的露台融雪机在暴风雪期间一直以华氏 130 度（54 摄氏度）的高温运转着。据我们所知，它整个冬天都这样运转。这有两个问题：首先，要融化一块板子上的雪，我们不必把它加热到华氏 130 度，华氏 85 度就够了——我们只是要融雪，而不是烤牛排。其次，让它一直运转是没道理的。虽然木板要很长的时间才会热，但可以蓄热很久——就像公路上的柏油在太阳下山后仍有余温。所以我们调低了融雪机的温度，并装上了定时器。此举虽然省下了更多能源. 但文化隔阂也在此时悄然而至。

尼尔酒店的工程师们（不是总工程师）对于他们失去融雪机的掌控权一事耿耿于怀。他们想自主决定何时该开，何时该关。这不仅仅会造成他们恼羞成怒——如果某间客房露台上的雪未彻底融尽，他们需要亲自处理。那么他们做了什么？他们重新加热系统，使之再次以华氏 130 度运转……且不再受能源管理团队的控制。

当时服务于尼尔工程部的乔伊·尼可斯（Joe Nichols）说："我个人经历过融雪机事件的余波，那真是场噩梦：一片混乱，问题很多。一天早上，广场的融雪机未循环运转，于是每个人都拿着铁锹和铲子出来，害怕我们会因此被投诉。"据乔伊描述，当时他们把露台上的冰敲掉，放进房里的浴缸中，加入热水把它们融化，然后再清理浴缸。

自鸣得意的环保人士可能会说，这又是一个技术上能解决、却受到文化阻碍的例子。但工程师们也有充分的理由重新加热系统。况且有太多例子证明，为什么反抗 EMS 是合理的。万一……机会微乎其微……酒店客满，华氏 160 度的水不足以供应热水怎么办？那会是一场大灾难……值得冒这种风险吗？这种思维——全世界的工程师在这个节骨眼都会浮现的念头——会让节能的拥护者彻夜难眠。

要解决这种"缺乏基层支持"的问题，一个办法是，我或总工程师先和他们促膝长谈，让他们相信计划。但这在尼尔酒店可是热闹哄哄——当人们对你大吼大叫要你修理堵塞的水龙头，或买些礼物及时送到二楼以进行复活节早、午餐活动时，和这些员工坐下来讨论事情实在不是首选。

但我们的 EMS 系统没那么糟。安装师的分析说明了酒店的天然气和电力有很大的节能空间——每月约 4 000 美元。回到停车场，安装系统的承包商注意到，通风扇一直在全速运转。"那很怪，"他们认为，"停车场的风扇是用来排出有害的一氧化碳烟雾。但这些风扇的抽风速度似乎比较适合 1965 年出厂的"野马"牌轿车，而非现在已干净得多的车型。"他们在排风扇上装了一氧化碳感应器，让它们只在必要时运转。这不仅省下风扇的能源，也让停车场里的热气不会太快排出，达到节约热能的效果，这办法漂亮极了！

排风扇加装感应器之后，还发生了另一件事：臭水沟的味道消失了！原来，为了排出气味和少量一氧化碳而全速运转的排风扇，会抽起地面臭水沟里的气体。

尽管尼尔酒店的故事不太吸引人，却证实了节能有时能提供连锁效益，也因为有这一类的故事，抑郁的工程师才能继续向前迈进。就像抛出万福马力的炮弹，这些都令人欣喜若狂，宛如天赐恩典的短暂时刻，是多么美妙而珍贵，仿佛暗示上帝是眷顾工程师的，也让我们这些进行可持续性工作的家伙勇往直前。

我们需要更多这种鼓舞人心的故事，因为我们的经历多半令人沮丧。执行者有时会觉得不想在清晨醒来，他们不知道希望在何方。

从非营利部门走出来的我，脑子里填满了可持续性理论的万吨弹药，非常乐意闯出一番事业。但到了尼尔酒店，在我执行第一项计划时，我却得站到壕沟顶端，惨遭机关枪轰击，因为我的想法并未以现实为根据——它们是以理想主义和希望为动力。这些是很好的特征，但只在公司董事会眼里才具有这么重的分量。

可持续经营运动的领导人——那些顾问和非营利组织领导人，甚至是企业和政府当局——几乎都为可持续之路描绘出了美好的前景。除了我们已经描述过的理由，他们之所以必须如此，部分也是因为很难用消极性的活动来推广任何事物。这真的很难——可以说是烂透了——但你该试一试！如我的同事兰迪·尤德尔所说（在他家那个地方，非营利部门已完成了任务）："如果可持续性工作易如反掌，我们早就做好了。那真的不容易，那难如登天！"

还是讲求实际比较好。"节约能源很难，而且有时候很贵。但我们有理由去做，而最后那会让我们的事业更赚钱、更长久。让我们向前迈进吧！"

当卡珊德拉（Cassandra，希腊神话中有预言能力，却被诅咒得不到信任的先知）的日子很难熬，因为没有人会追随你。但当一个永远快乐的宝琳娜（Pollyanna，盲目乐观的人）也好不到哪里去，因为只给人虚无的希望（来吧，那既简单又能赚钱！），你更可能失去群众的信任——而群众才是最终推动变革的力量！

举一个更好的例子：巴塔哥尼亚户外用品公司曾邀请一位可持续经营大师来勘察它的建筑物。这些大师在可持续经营的原则方面拥有非常渊博的知识，精力更是充沛，他给了巴塔哥尼亚环境部主任一些一般性的建议，紧接着他和建筑工程师讨论，但工程师说："就我们公司来说，这些没有一个是可行的。"想到和他打交道的是典型的由于懒惰、无知、恐惧而抗拒改变的人，环境部主任便请工程师无论如何都要探究这些构想的可行性。

花了4个月以及3万美元的顾问费，工程师回给环境部主任一份报告，证明没有任何一种构想可行。"我们研究过了，"他说，"这些构想在这没一项可行。非常谢谢你，笨蛋！"

亲爱的，欢迎加入这场变革！

第四章

阿斯彭：煤矿里的金丝雀，
山丘上的闪亮之城

"我们知道自己现在是什么，但不知道以后会变得怎样。"

——奥菲莉娅（《哈姆雷特》中女主人公的名字）

政府和企业应该从哪里转型，怎样成为环保标兵呢？谁来负责测试？谁来决定什么是值得追求的？实验室又在哪儿呢？我们就要从类似阿斯彭这样的地方开始行动。虽然有皮草、整形手术和炫目的跑车——或许正因如此——阿斯彭仍可被当做一个实验室，它告诉我们怎样找到自己最大的杠杆来驱动变革。因为阿斯彭拥有足够的金钱和资源（挑战成功或承担失败），所以它可以协助我们勾勒出一张可持续经营的路线图。

←—— 前进中的世界博览会 ——→

当年每个人都以为，1892 年在芝加哥举行的哥伦比亚世界博览会，会造成轰动的是发电机。实则不然，事实证明，这场博览会最抢眼的是巨型摩天轮，足以和法国世界博览会的埃菲尔铁塔相媲美的技术产物。

埃里克·拉森（Erik Larson）在《白城魔鬼》（*The Devil in the White City*）中写道，这场博览会挑战了美国人对建筑的想法、对城市的期望（芝加哥博览会干净、安全又时尚），并探讨了科技可以为人类做什么贡献。在某种程度上，这场博览会塑造了现代美国，以及现代的美国人的形象。现代的美国人意识到他们的独创性可以改变世界，甚至把人送上一座巨大、五彩缤纷、看似脆弱却钢铁般坚固的风车，在芝加哥的最高点旋转。

现今的环境运动需要像世界博览会这类的东西。我们需要一连串能提供经验和宣传政策的示范计划。

我们需要这些模范，因为环保人士已经在全球网络上挥白旗了，写一些灰心丧气的文章了。其中一篇引起了众人关注：迈克尔·薛伦柏格（Michael Shellenberger）和泰德·诺德豪斯（Ted Nordhaus）合著的《环保之死》（*The Death of Environmentalism*）。文中指出，环保运动最重要的战略——诉讼——已经失败。文中虽也提出了一种新方式，但他们的分析大概比他们的对策好 1 000 倍吧。然而，在这篇文章发表之后，环保运动史上最重要的诉讼之一：马萨诸塞州诉环保局（Massachusetts v. EPA）案——要求环保局将二氧化碳列为污染物——获得胜诉。

第二篇像闪电般在网络走红的激进团体"地球第一"（*Earth First*）的创办人大卫·福尔曼（Dave Foreman）所撰写的《自然的危机》（*Nature's Crisis*）。他开门见山："从事环保工作 35 年间，我从未见过像今天这般凄凉、抑郁的情况。"

他要怎样解决？"正因为我们的处境这般苍凉，我们更要坚守我们的价值，勇于奋战，绝不退缩，"福尔曼提议，"只要继续进行那些已经失败的事情，环保人士将可呼吁 60 亿人为荒地和野生动物保护法的落实而奔走告急。"这主意好吗？或许不错。有可能发生吗？当然不可能。即使如此，大卫·福尔曼仍值得我们尊敬。他是真正的生态勇士，也是我心目中的英雄。

为应对气候变化，我们需要一个新的思维模式，以及新的生活方式，就像美国在100年前通过哥伦比亚博览会发现的新的生活方式。那场世界博览会本身并未建立干净而安全的城市，或是更令人兴奋的建筑，或是任何有关技术用途的观念。但它确实集合了原本散布全美各处的零碎事物。它也不是把那些事物带进演讲稿，对众人夸夸其谈，而是展示了它们。它在一个许多城市仍灯火昏暗的国家里点亮了20万个白炽灯泡，也将人们升至264尺的高空，向他们证明了冶金术和现代发动机可以多么轻而易举地改变他们的视野和生活方式。

这些在1893年都是革命性的创新，而参观世界博览会的民众会把所见所闻带回家乡。现在我们都住在那些新世纪美国人所打造的城镇或都市里。

今天我们需要一场能拓展视野的世界博览会，帮助我们了解如何面对全球气候变化和错综复杂的相关问题，了解濒临毁灭的自然世界和其他种种挑战。幸好诸如此类的博览会已在全球各地紧锣密鼓地筹备着，阿斯彭就是其中之一。

当"阿斯彭金丝雀计划"（Aspen's Canary Initiative）于2005年首次启动，《丹佛邮报》（*Denver Post*）报道了这项应对气候变化的联盟及城市计划：计划发起人希望让阿斯彭成为研究、讨论及实际减排以应对气候变化的领头羊；阿斯彭也期望成为迷你版的达沃斯或京都，主导未来数十年问题的解决方向。这篇文章的语气带着委婉的嘲弄，暗示阿斯彭的减排措施是九牛一毛——在能源消耗的大金刚面前，还不如侏儒。

确实如此，没有哪位阿斯彭的同仁相信，换装节能灯就能抑制全球气候变化。但重点不在这里，接受过丹麦哲学家索伦·齐克果

（Soren Kierkegaard）洗礼的阿斯彭人都了解——他认为"每一个存在都是宇宙中心"，阿斯彭人也倾向于这种思维模式——正是他们家乡纯粹精炼的特质赋予了他们影响世界的力量。有中国媒体报道：阿斯彭接待过总统和国会议员，当然也招待过这个星球上最具影响力的人（也就是最有钱的人）。

换句话说，全世界的阿斯彭度假中心都可以视为正在慢慢扩建的博览会。就像芝加哥的哥伦比亚世界博览会，阿斯彭也可作为创新的实验室。例如，阿斯彭市就是第一个对面积超过 5 000 平方英尺的建筑课征碳税的自治市。在"阿斯彭世界能源博览会"测试过的政策，将能引导出更广泛的政策。同样，我们在小尼尔酒店进行的工作或许也应该能影响政府的政策，我们需要政府为可持续经营计划提供动力，让它们更容易被推行。

现在阿斯彭的管理者不只想让游客滑下积雪的山坡。他们是第十山地师的退伍军人，曾在科罗拉多山区受过专门训练，第二次世界大战期间在意大利奋战，并于不久前成为了名副其实拯救世界的战士。热衷思考的芝加哥实业家沃尔特·佩普基（Walter Paepcke）在 1950 年成立教育机构"阿斯彭研究中心"——就在布雷顿·伍兹（Breton Woods）改变全球经济后不久。20 世纪 70 年代，阿斯彭倡导限制增长，借此打造了一个被开放空间环境包围的美丽城镇，但不幸的是，对收入不多的普通人来说，这里也成了房价奇高、通勤时间特长的地方。但这就是实验的本质：有时就算有效，也会咬你一口。芝加哥的哥伦比亚世界博览会当然也不完美。

今天，全美各地代表纷纷前来阿斯彭观看下一轮的实验：大规模的员工宿舍模型、先进的交通运输系统模型、儿童照护中心模型、以多种方式关照市民并维护社区环境及保障居民健康的基金会、一座即将有80％的动力来自再生能源的城市以及一群投入环保事业的民众——他们拼命写信给五大地方报纸。

51

当然，阿斯彭没有摩天轮或第一批灯泡之类的事物。以前这座城市始终没有打造实物宣传的动力，现在它有了。面对气候变化这类难以理解且看似无法克服的问题，人类似乎束手无策。我们面临着非常大的难题，需要亲眼目睹可能有效的解决方案。

阿基米德（Archimedes）相信，只要给他一个支点，他便可以撬动整个地球。阿斯彭便是一个支点，阿斯彭是在山丘上闪闪发亮的城市：小得可做迅速地改变，聪明得知道它是世界瞩目的焦点，美丽得足以启发全世界。摩天轮与世界博览会的讨论来自我和友人埃德·马尔斯顿（Ed Marston）的对话。埃德是作家、公用事业承包商、三流的房地产专家及 *High Country News* 的前发行人。后来我们将那些对话改写成一篇文章，发表在《费城问询者报》（*Philadelphia Inquirer*）上。本章即引用了那篇文章的片段，感谢埃德允许我这么做。

←── 阿斯彭的象征意义 ──→

阿斯彭作为楷模还有一个理由：它好比美国的代言人，是我们应对气候变化时面临的一切问题和机遇的缩影。

首先，阿斯彭在气候变化的最前线，而这个城市对它了如指掌：这也是它制订金丝雀计划的原因。

阿斯彭最早实施的计划中包括这样一项研究，用当时最前沿的科学来回答这个问题：50 年后阿斯彭会发生什么事？100 年后呢？他们的想法是，一个经济来源完全依赖气候的度假社区，就算只是要做最基本的城市规划，也必须推敲未来可能的面貌。

那份研究报告的结果令人惊讶。纪录显示：在过去 30 年里地球升温了华氏 3 度，而最好的模型又显示了未来 30 年，若在中等排放情况下（意思是排放量远少于最坏的情况，这是以当前趋势为依据，考察全球产生及排放温室气体污染物的方式），地球将变暖华氏 3.2~4.5 度。这是很大幅度的暖化，就像我在第 2 章中提过，冰河时代就是由类似的地球温度的波动所引起的，只是冷热反过来罢了。

那份报告也显示：就算地球温室气体排放量有所降低，到2100年，阿斯彭仍将升温约华氏6度，它的气候将变得像新墨西哥州的洛斯阿拉莫斯那样。如果全球碳排放量像之前那样持续急升，至本世纪末，阿斯彭将再变暖14度，也就是说你可以把阿斯彭拖拽到德州阿马里洛那里去了。

这种变化令人胆战心惊，而它对经济的冲击不亚于对环境的破坏。同一份研究发现，到2030年，如果冬季的延迟或气温变暖使滑雪客减少5%~20%，当地经济将大幅受创：个人总收入将损失1 600万~5 600万美元（以今日币值计）。虽然无法精确量化，但滑雪业的不景气也可能危及阿斯彭的房地产市场，令损失雪上加霜。而报告中最惊人的莫过于："若温室气体持续大量排放，阿斯彭的滑雪活动很可能在2100年告终，甚至可能提前，低量排放则可保存中高海拔的滑雪。但无论以上哪种情况发生，滑雪条件都将每况愈下。"

你可以说阿斯彭是一个依赖气候的地区，而且不仅仅以滑雪著称：漂流是阿斯彭另一条经济支柱。但如果径流量持续减少且集中在较短的时间内，夏天的旅游经济将开始崩溃。这种情况已经发生，报告指出：径流现象已提早出现，而且来得快、去得急，预计情况还会更糟。如果你想知道气候变化是否已在阿斯彭发生，可以问问当地的居民。已在科罗拉多山区巡回比赛30年的野山滑雪选手卢·道森（Lou Dawson）提到春季积雪量时就说："现在4月是过去的5月。"也就是说，以往你到5月才会见到的野山坡道，现在4月就看得到了。冬天的旺季已经减少了1个月。

无独有偶，附近的维尔社区（高山度假胜地）的海滩松森林正遭遇变暖引起的树皮小蠹虫传染病（虫子能活过不够冷的冬天，最终将扼杀它们栖息的树木）。那些四季常绿的树木现在呈现褐色，没多久将转成银白色，它们全都濒临死亡。短期内，维尔看起来或许会更像太阳谷的高地沙漠社区，不再是我们熟悉的阿尔卑斯森林了。或者它将移植阿斯彭的树林——但与昔日阿尔卑斯山的杉林和松林将是天壤之别。

2006 年，科罗拉多大学一份名为"洛矶山地区"的研究显示，到 2085 年时，新墨西哥州陶斯镇的滑雪区将失去目前的 4 月 1 日的 89% 的平均积雪量。就像"小精灵"电玩里的那句："游戏结束。" 2007 年夏天，最新版的太浩湖（坐拥数个滑雪区，包括维尔度假村所有的天堂）年度报告显示当地的夜晚已经变暖，寒冷的日子更为稀罕，降雨也逐渐多于降雪了。这份报告是根据自 1911 年来到现在的可靠的天气记录，记录上显示夜间温室已上升超过华氏 4 度，平均气温低于冰点的日数也从 79 天骤减为 42 天。

但气候变化已然发生的事实却为气候行动形成了一道全球性的障碍：蓄意的否认。许多像阿斯彭这样的社区都不愿承认它们的经济其实已经"烤焦"了。这个事实会伤害城镇居民，人们或许会决定不购买高级公寓，或者可能不会教小孩滑雪。学滑雪既难又贵，还耗时间。如果雪正逐渐消失，还学滑雪做什么？

同样的顾虑甚至导致了滑雪业有意回避气候变化，直到最近才有所改善。现任环境部门主任在 1999 年一场滑雪业联合会议上提出气候变化的问题时，他基本上是被嘲笑声赶出房间的。一个产业为什么要指出它未来将陷入危机？那就跟打字机从业者在 1980 年前后宣布电脑时代即将来临一样。

基于种种商业考虑，也或许是因为人性，否认气候变化的心态以百万种形式充斥着美国社会，可以说是无所不在（展馆 A 是石油及天然气业、展馆 B 是煤业，展馆 C 则是联邦政府——由 A 及 B 资助的游说人士控制的联邦政府）。

就以位于我们附近的维尔度假村为例。2007 年 8 月《时代》（*Time*）杂志的一篇文章阐述了阿斯彭对气候变化的忧虑。在同一篇报道中，维尔却否认它们见到过任何变化。"一百里内，"报道这么写着，"维尔的高级职员表示他们并未见到类似的地球变暖效应。"（就算如前文所述，维尔的森林在前 10 年几乎枯死）"科罗拉多洛矶山脉的情况不同于欧洲阿尔卑斯山，"发言人凯莉·拉迪加（Kelly Ladyga）说，"我们处的海拔高得多——高峰超过 1 200 尺。冬季并未缩短，降雪量也一直很稳定。"

海拔较高的科罗拉多滑雪区的境遇固然可能比世界多数度假村都好——当然胜过欧洲和北美东西两岸的度假村——但气候变暖是多么明显的事实，美国西部更是如此。在越来越多以美国西部气候变化为题的文献中，阿斯彭的研究开创了先河。

帕克市后来也委托开展了类似的研究，它发现到 2075 年时，感恩节将不再是滑雪的节日，而冬季中的积雪将只有今天的 35% ～ 85%——也就是说，犹他州的白雪将不再深不见底。在整座洛矶山脉，大气变暖的速度将比全球平均快 1/3，也就是说，往后我们几乎已经不可能在 11 月底以前造雪了。

类似的研究接踵而至，2008 年，洛矶山气候组织（Rocky Mountain Climate Organization，RMCO）和自然资源保护委员会（Natural Resources Defense Council，NRDC）联合发表一项报告，指出：

"美国西部变暖的情形比整个世界还严重。过去 5 年（2003—2007 年），全球气温比 20 世纪的平均温度升高了华氏 1 度，而 RMCO 发现，美国西部 11 个州在同一段时间的平均温度，比 20 世纪该区平均温度高了华氏 1.7 度——也就是变暖程度比全球高了 7 成。美国西部也遭受了更频繁、更严峻的热浪袭击，自 1950 年以来，酷热的天数每 10 年就增加 4 天。"

维尔度假村的那番话本身不算谎言，却无知到令人傻眼。维尔没发现变暖现象只有一个原因：它没睁开眼睛。闭着眼睛很难看到东西，但要睁开眼睛看坏消息也不是件容易的事。

←—— 屠夫，耗能的猪 ——→

就气候而言，阿斯彭确实可喻为煤矿里的金丝雀。由于地处特殊的高山环境，它比美国其他地区更早出现变化、遭受影响，连沿海地区也不及它变化显著。因此阿斯彭扮演了一个角色：未来只要观察阿斯彭，美国其他地区或许就能明白自己的命运，或是如何趋利避害。

现在，阿斯彭堪称美国的代理人，因为它跟全美其他地区一样，是一头贪食能源的猪。而且它是奢侈性消费的带头大哥。正因为如此，每当我在同一个句子中提到可持续经营和阿斯彭（尤其是滑雪）时，我常得到"噢，拜托！"的回应。毕竟，滑雪本身是种完全没有必要的活动，而且人们为了来这滑雪得搭飞机或开车，然后访客们除滑雪以外的时间基本上都待在极耗能源的别墅、热水池或餐厅——更多不可持续性的画面——从世界各地运来的鳄梨、葡萄、草莓，甚至还有饮用水。虽然小尼尔酒店的情况已有所好转，因为主厨赖恩·哈代（Ryan Hardy）开垦了一座农场，自己饲养动物。他在现场自制乳酪、萨拉米香肠和法式馅饼，并在当地种植蔬菜。同时，尼尔酒店也开始销售当地饲养的牛肉。

我最常听到的评论是："如果你真的在乎可持续经营，阿斯彭滑雪公司应该关门大吉，或许整个城镇也该关闭。"

这个论点是有其参考价值的，但它终究太过简单，这也是阿斯彭可以担当美国城市代表的真正原因。阿斯彭的生活方式当然是奢华无度的，但整个美国的生活方式就是如此。你一定听过这些数据：我们的人口占世界的5%，却用了地球25%的资源。美国人平均每人燃烧的石化燃料比地球上任何国家都多（相当于100磅的碳、1 000立方尺的天然气、8加仑的汽油或发出一道闪电所需的能量——即每人每年要耗用26桶的石油）。

与此同时，金丝雀计划所进行的一份研究显示，阿斯彭的人均温室气体排放量大约是全国总平均的 4 倍之多。平心而论，这个数据这么高，部分原因在于纳入了机场的排放量。但不管怎么说，从能源消耗的角度来看，如果美国各地区平均而言都是头贪食能源的猪，那阿斯彭就是"猪斯拉"（野猪）了。

那么我们该怎么办？关闭阿斯彭，然后也让美国停止运作？美国比欧洲浪费得多，欧洲和日本平均每人使用的能源比美国少 6 成。而比起位居能源消耗图表底部的印度，欧洲其实相当糟糕。所以我们也要关闭巴黎吗？简单地说，我们没办法划定一条道德的能源界限，说明哪些活动可行，哪些不该做。既然现实世界缺乏上帝般的审判公平，我们必须修正整个系统，而非挑三拣四。全球阿斯彭必须改用新的运作方式，把对地球和大气的破坏降至最低。未来，空中旅游和滑雪等活动是有可能终止的，它们将贵得让人无力负担；但短期来看，我们应予以调整，而非执意消灭它们。

另外，单从实际的角度来看，阿斯彭的经济是否有活力，对环境质量至关重要。科罗拉多州摄影师约翰·菲尔德（John Fielder）出版了一本摄影集，呈现百年前威廉·杰克森（William H. Jackson）的照片，以及目前在同一地点拍摄的相片。

看看 1900 年的阿斯彭，你会明白，在经济仍以采矿和自给式农业为基础的那段时期，阿斯彭的风景——以及流域和空气——已经满目疮痍。而当阿斯彭滑雪逐步演变成朝气蓬勃的滑雪业，一切有了转机。为什么？因为税金和私人财富开始投入环境保护和清理、法定空地的维护、保护自然资源的非营利组织等等。

班哲明·弗莱曼（Benjamin Friedman）在其著作《经济发展的道德后果》（*The Moral Consequences of Economic Growth*）中详尽阐释了这种论点。他认为是好的年代引导出了美国人好的特质——同情与宽厚——而在环保方面取得的成就，基本上是富裕和丰饶的产物。这是一把双刃剑：大力发展经济才有余裕来保护环境，但当经济情势恶化，第一个牺牲的通常也是环保计划。

没错，现在阿斯彭排放出更多的碳，但我们也拥有更多财务资源来处理这些碳排放。阿斯彭必须成为世界的模范，这个主张合情合理，因为舍我其谁？

←——— 我们都是伪善者 ———→

基于本章讨论过的许多明显的理由，阿斯彭敞开大门欢迎虚伪的要求——美国外交人员话锋转向《京都议定书》之类的条约时，我们总会听到的东西。在阿斯彭我们听到的是："你根本还没开始解决你第二故乡的问题，却把金丝雀计划说得天花乱坠。"而在世界上我们听到："你没有立场要求我们做任何事情，除非你们美国人先处理好自己庞大的能源消耗。"

在阿斯彭，地方报纸屡屡指责环保的伪善行径。当地的博客（aspenpost. net）写道：

每当提到"虚伪的阿斯彭"这个主题时，总会有人抨击我。阿斯彭和其他自由派人士患同样的"富裕的自由主义者综合征"，认为环保是个好概念——只要有其他人为此理想牺牲。但上帝不许他们放弃私人喷气式飞机、恒温华氏 72 度（摄氏 22 度）的第二故乡、拥挤的私人车道、热水池、游泳池……看看全球变暖运动（Global Warming Crusade）的"斗士"阿尔·戈尔就好。他搭乘私人喷气式飞机四处奔走，一趟行程排放的废气比我一整年还多，就为了"把话说出来"。

对于那些白痴的自由派朋友，省省那些"天花乱坠"的宣传和谬论吧！你指望他们能改变现状，他们自己都没有改变。是啊，地球或许正在变暖，但别奢望那些自由派人士会出面挽救，他们似乎是在忙着怎么加快整个过程来表示他们真的关心环境。我的意思是，你别奢望南希·佩洛西（Nancy Pelosi，美国众议院议长）会放弃她的喷气式飞机，毕竟，没有她的粉丝团，她要怎么跑来跑去呢？伪君子？你答对了！

　　指控他人虚伪是多么容易，但这些指控往往没抓到重点，因为生活在这个以碳为基础的经济中，我们除了当伪君子，没有什么作为。生存在现代社会，人类就一定会制造碳排放。问题只在于你是多虚伪的伪君子。例如，攻击戈尔家房子的大小，就是卡尔·罗夫（Karl Rove，小布什总统在任内的白宫政治顾问，堪称布什政策的化妆师）式的战略：对话忽然从全球气候危机——威胁全人类的问题——降格成戈尔的房子，那或许有其重要性，但程度不及其百万分之一。

　　更具讽刺意味的是，在企业界中，这些公然的伪善之举——就像在阿斯彭和美国表现的言行——其实却可能对环境有益，因为它能驱动变革，虽然手段令人不快。我会在第9章详细探讨这个概念。

　　我们每个人都可能被指责虚伪，若要缓和这样的指控，最好的办法显然是实施更持久的行动——真正的作为，真正事关重大且能驱动真正变革的作为。为此，你必须睁大眼睛，洞察到你可以如何做出真正的改变：你必须找到你最大的杠杆，并善加利用。

第五章

找到最大的杠杆

"给我一支足够长的杠杆和一个支点，我将能撬动整个地球。"

——阿基米德

一直有试图走环保路线的公司打电话给我，那仿佛是挥之不去的噩梦。他们会提出类似这样的说法："我替一家酒店管理集团（或物业管理公司，或《财富》五百强企业……）工作。"来电者想坐下来谈谈他们如何能"环保一些"。"什么意思？"我问。"你知道的，"来电者说，"像回收纸之类的工作。"接着我通常会这样回答："如果你只想讨论这种程度的'环保'，那你找错人了。"

诸如回收这类的办公室环保措施，虽然也很重要、明确，有其必要。如铝罐基本上就是一种凝结的电——把铝从矿砂提炼出来是极耗能源的工程。但如果追求环保的过程止步于垃圾分类和纸张回收，许多影印机将会沉入海底。

公司必须做一些深刻的反省来找出自己最大的杠杆，然后善加运用。这支杠杆不见得非常明显。

就像我前面所指出的，气候问题的规模将使若干形式的政治运动成为任何企业或个人最大的杠杆。那是因为（单从排放的角度来看）企业光是绿化营运是不够的，这就像在泰坦尼克号上重新整理甲板上的躺椅一样。例如，我们可以消除滑雪业的所有温室气体的排放，但如果世界其他人不跟着改变，这个产业还是撑不过百年。为了得到我们所需要的政府领导，公司必须竭尽所能积极参与所谓的气候政策的讨论。

但重点来了：实际工作（也就是本书焦点），必须先于政策工作。为什么？因为企业必须先独立完成某些事情，才能够有效说服政府对气候采取保护行动，否则就会失去可信度，徒有虚名。这或许是企业及个人必须实行减排工作唯一且最重要的理由：这样企业的范例将更具说服力和可信度。当然，在我们等待政府出面主持大局的这段期间，我们也大幅降低了碳排放量，并省下了大笔金钱。

反过来说，政府必须有企业的范例可循，才可能挺身接下领导重任。那么，企业在支持渐进式立法之际，要如何决定该以何种方式缓和自身对气候的冲击呢？

← 像沃尔玛一样思考，不要学福特 →

沃尔玛就是一个范例。在这家大型折扣零售店开展绿色计划时，它可以只迎合大众的期望，做做店内教育、各网点的绿化，以及小型风力和太阳能电板发电等足以作为宣传的事情，其他一概不管。但沃尔玛不仅做了上述工作，也坐下来问自己最大的影响力在哪里。查尔斯·菲什曼（Charles Fishman）在《高速企业》（*Fast Company*）杂志里这么写道：

在卡崔娜飓风之后,首席执行官李·史考特(Lee Scott)要求员工针对地球变暖等环境问题作报告。布朗大学的史蒂芬·汉堡教授(Steven Hamburg)也应邀出席了会议。汉堡是阐释气候变化的高手,还为此荣获环保局的奖章。

那是一次非常坦诚的对话,而他并不是沃尔玛的常客,他曾考察过沃尔玛的部分环保绩效。1994年,他这么批评沃尔玛的第一家环保概念商店,就像我跟李说的,它做了很多表面功夫(译注:原文为greenwash,亦译为漂绿)。

它必须做得更好……真正重要的是摆在货架上的东西。沃尔玛在市场的影响力远胜于在环境保护方面的影响。

沃尔玛是卖东西的,卖的东西比世界上任何公司都多。因此沃尔玛便是通过它销售的东西来改变世界和保护环境。在这场讨论之后,沃尔玛便开始销售一亿只节能日光灯泡——能节省75%能源的螺旋灯泡,并压低售价、把灯泡放在过道视线的水平处(畅销商品区)。沃尔玛通过改变灯泡市场发动了一场绿色革命。至2008年,该公司已卖出1.3亿只灯泡(相当于每个美国家庭拥有一只以上的节能灯),而因此降低的污染量等同于两座大型火电站造成的污染。

如果故事停在这里,它已经堪称一则伟大的高杠杆故事。但故事继续发展,沃尔玛不只是卖出了许多节能日光灯,它对白炽灯泡的禁用也贡献了很多。白炽灯泡将于2010年在澳洲禁用,而加州也正朝相同方向迈进。

但也有企业反沃尔玛之道而行。而针对这些企业进行的个案研究,确实证明了找对焦点的必要。福特也跟沃尔玛一样,老板和员工坐下来一起商讨:"我们最大的杠杆是什么?"但这家车商犯下大错:决定不去绿化其核心事业(汽车),反倒砸20亿重金绿化它在密西根迪尔波恩的车厂(特别是决定安装一个绿色的屋顶……种满青草,但却造成屋顶漏水)。福特就是没抓到它最大的杠杆。因此,在将近

10 年之后，福特在大众心目中仍不是绿色企业，没有绿色舰队，屡屡遭受丰田（Toyota）和本田（Honda）等被问了同样问题而能正确回答的公司的迎头痛击。

想靠回收纸绿化办公室的物业管理公司必须仿效沃尔玛做同样的评估：我们可以在哪方面发挥最大的杠杆作用？对物业管理师来说，机会就在物业管理中（别意外）！我们将在第八章看到，在所有全球温室气体排放之中，建筑物要负将近一半的责任。打电话给我的物业管理师，他们肩负着价值数亿美元的别墅、私宅和商业区，他们或许能够一边保护环境，一边替他们的客户省钱。但他们最初对于"环境主义"的想法，并未引导他们朝正确的方向前进。

←—— 阿斯彭滑雪公司的杠杆 ——→

一天，我又垂头丧气地走进我们当时的首席执行官帕特·欧唐诺的办公室。"我们到底在做什么？"我这么问他。我们所做的工作——从提高造雪的效率、购买再生能源到使用生物燃料——在整体计划中是多么微不足道：感觉我们并未真正促成过任何改变。这样下去有什么意义呢？帕特指出，我们的日常行为固然重要，但比起另一个机会仍显得渺小，或许我们也应把那个机会视为我们的实际工作。帕特主张，既然我们已经具有可信度，我们应逐渐把焦点移向如何改变其他业者的观念，并支持我们老板迅速滋生的环保理念——那是个心地宽厚、悲天悯人且越来越具环保意识的家族。从那个时候起，那个家族便身先士卒，将节能工作积极投入到他们所有的事业中，家族成员在世界最大、效率最高的非政府环保组织担任董事，并发起一项完全致力于环保的慈善事业。在最近一场对尼尔酒店进行的改组会议上，一位家族成员问："你们做这些事情都有以环保为前提，一定是这样吧?"阿斯彭滑雪公司致力于让变革实现，但本身即为演化的一部分（环保的先驱者）。

阿斯彭最大的杠杆就是它"闻名全球"的事实，因此，全球媒体会来报道我们，我们任何一个小动作往往都会产生深远的影响。在阿斯彭滑雪公司，我们觉得我们可以通过这种思维影响两大实体：联邦政府和大型企业。而关键在于我们出色的实地工作塑造了我们的可信度，因而可以游说其他企业共同努力，做出更大的改变。

←—— 善用政府资源 ——→

为了撬起政府这支杠杆，2007 年，阿斯彭滑雪公司在自然资源保护协会上应盟友之邀，针对"马萨诸塞州控环保局"的诉讼案向最高法院提出"法庭之友辩护状"（amicus brief）。此案常被喻为最高法院有史以来最重要的环境诉讼，旨在要求环保局依照《清净空气法案》（Clean Air Act）将二氧化碳列为法定污染物——原告认为这是非常合理的请求，因为《清净空气法案》赋予污染物的定义为"危害人体的物质"，而我们已有充分的证据证明二氧化碳会威胁人类的生命。

乍看之下，一个滑雪度假村的参与似乎无关紧要（以全球标准来看，滑雪业只是个小小的事业）。但因为阿斯彭拥有极高的知名度，也因为滑雪业介入这起诉讼颇不寻常，新闻媒体都是如此看待此事："12 个州、3 个环保团体，甚至一座滑雪村，都加入支持这起诉讼的阵营。"最后麻州以五比四胜诉。

我喜欢把这种手段视为阿斯彭滑雪公司的"不对称作战"（asymmetric warfare）：一个小实体对远比自己强大的实体产生不成比例的影响力。在环保的竞技场上，阿斯彭滑雪公司是极不起眼的选手。我们的工作便是找出能以小博大、产生剧烈冲击的方法。

数月后，堪萨斯州的一个审议委员会拒绝颁发许可给一座新的火电站，主要理由是二氧化碳将对未来产生负面影响。这是史上第一次有机构这样拒发许可——而其唯一法律依据便是"马萨诸塞州控环保局"诉讼案。至少我们可以这样说，一个滑雪村能与重大政策转变产生这样的关联，既让人学会谦卑，又令人心满意足。这就是我们认为提出这份"法庭之友辩护状"是本公司做过的最重要的事情之一（包括在1947年开门营业）的原因。

◄—— 技术陷阱 ——►

庆幸的是，一旦个人或企业闯入司法界的舞台，机会便丰富多了，而且其中许多机会甚至能替你赚钱。下面的例子就是好政策能促成的变革：

·将老旧、耗电的变压器更换为家用的变压器，每年可省下120亿台洗碗机循环运转的电力，但政府必须采取行动，指定并鼓励人们安装效能最高的机型。

·回收工厂产生的废热（就是那些从烟囱排出去的热）并用以产生干净的动能，可供应目前美国14%的电力需求。

·实施"税收中立"（revenue-neutral）的税改（类似戈尔等人废除薪资税、改征污染税的构想）不仅在政治上可行（怎么会有不支持废除薪资税的选民），更能建立减排的市场机制，但这样的行动需要立法。

·每英亩的海藻一年可制造一万加仑的再生生物燃料（传统用大豆制造生物燃料的方式，产能只有50加仑左右）——全都是同时吸收二氧化碳的。但这种技术——以及更有效率的太阳能光电板、从发电厂隔离二氧化碳的技术等等——都需要更大的支持力度以及伊拉克战争式的投资，光靠美国政府每年区区几十亿的投资是不够的。

类似例子不止三五百个，大多都是利用现有技术，也已经得到维诺德·科斯拉（Vinod Khosla）及KPCB（凯鹏华盈）投资公司等私人投资者或财力雄厚的风险资本家的支持。但缺少政府的支持——汤姆·弗莱曼（Tom Friedman）所谓"第二次世界大战规模"的努力——这些有关节能及再生能源的适当技术便无法迅速扩张发展起来。

看了以上一些讨论，你或许会认为只要我们坚持到底、投资正确，就能通过技术创新来解决气候问题。但这里的关键是，新的技术发展并非是最重要的杠杆，最重要的杠杆是让现有技术得以应用的政策。

就气候变化而言，把焦点放在技术发展其实是目前最普遍的一种拖延行动的方式，而且是全国性的作风。气候政策专家罗姆称之为"技术的圈套"：不断声称"我们会有更新、更好的干净能源技术"，利用这种愿景来拖延而非促进阻止气候变化的行动。这个陷阱之所以危险重重，是因为它扎根于法兰克·卢兹（Frank Luntz）等共和党谋士宣传的诡计。他们指出：把聚焦放在技术，是既能表现你关心地球变暖，又不必采取任何实际作为的最好方式。比约恩·朗博格（他向来否认气候变化）、泰德·诺德豪斯和麦可·谢伦伯格等都赞同罗姆所谓的"气候拖延者"的观点，这种说法已广获青睐。

谢伦伯格、诺德豪斯和朗博格相信，真正解决气候问题的关键在于"在价格及绩效方面都取得非渐进性突破的分裂性（disruptive）洁净能源技术"。

对此，罗姆在他的博客中这么回应：

噢，不是这样的。能源政策是我的领域，而过去几年我和世界每一位顶尖级的能源政策专家都聊过。有些人的看法和谢伦伯格、诺德豪斯两人一致（大部分是学者），但多数并不认同——特别是真正的能源工作者或长期研究气候的科学家。没错，大家都想拿到更多的资金来研发干净能源。但谁不想呢？除了似乎只有谢伦伯格、诺德豪斯两人认识的那些"热爱痛苦与牺牲"的幽灵环保人士以外。

但能源工作者明白，能源方面要出现富有意义的突破很难，就算有也需要千载难逢的机会。我可以很肯定地说，因为我碰巧管理过负责绝大部分无碳能源研究的联邦政府部门，而且研究过气候科学的人都明白，我们已经没时间寄望不管花了多少研发经费或许都永远不会出现的突破了。发达国家的碳排放量必须在未来10年由多转少（发展中国家须紧跟其后），否则我们将毁坏未来50代子孙的地球，不管他们有多高明的技术可以运用。换句话说，如果现在我们不能以现有或即将出炉的技术阻止地球变暖的浩劫，我们就无法阻止地球变暖的浩劫了。

不只是罗姆有这种论点，世界最大的石油公司之一的皇家荷兰壳牌石油（Royal Dutch Shell）也指出："要让一种原始能源在上市后取得全球市场1%的占有率，少说也要25年。"

我们都知道我们还有多少时间来解决气候问题，而这段时间是不够的。

◀── 迫使领导人出面领导 ──▶

唯有政府能以够快的速度执行现有的技术。因此企业必须射出它们所有效能与再生能源的子弹来努力减少自身的碳足迹，但最重要的是，我们必须把公司当成一支球棒，不断提出倡议对国会议员穷追猛打，并运用它们对顾客的影响力来开创民间运动，以及分配广告经费用于旨在拓展群众基础的气候活动。个人也必须做同样的事——用我们的选票，我们的笔，我们的双脚；我们必须尽全力扫除路障，就像我们推动民权或美军退出越南等其他社会变革一样。没错，我们应该旋入节能灯泡，但别误以为这样就够。或者，如比尔·麦基本（Bill McKibben）所言："当然要旋入节能灯泡，但紧接着要'旋入'新的参议员。"我的朋友朱尔斯·欧德（Jules Older）补充道："别再被老参议员压榨了。"

我们的一些问题——民权是其一，医疗或许也名列其中——都太过巨大，没有政府的协助无法解决。在这点上，美国航天总署的詹姆士・韩森和迪克・切尼看法一致。韩森在《纽约书评》（*New York Review of Books*）中指出："呼吁民众降低二氧化碳排放量固然重要，但这提案除了过分简化，也会让人忽略最重要的一件事：政府的领导。没有政府的领导和全面性的经济政策，个人的节能行为只会减少燃料需求，进而压低价格，最终反而会助长能源浪费。"

韩森的论点有欺骗之嫌，因为它同时剥夺又赋予了人民权利。个人能够做什么呢？或许能减少个人的二氧化碳排放量，但就全球变暖而言，个人的帮助非常有限。但最后，是谁能促使政府出面领导呢？还是要靠个人。

在阿斯彭滑雪公司，就像任何大公司、甚至政府实体，领导人并不是时常和大众进行直接的沟通。但如果我们的首席执行官迈克・凯普兰收到十来封民众针对某问题的亲笔信函，我敢保证我们在一个星期内便会就此问题召开高层会议。请想象一下，如果我们的大楼外头有街头示威抗议，阿斯彭将会如何处置。个人可以驱动变革——一定可以，过去可以，未来也可以。我们需要走上街头，我们需要把信拿到邮局，我们需要迫使领导人出面领导！

◀━━ 卫生纸问题 ━━▶

政府的行动固然至关重要，但某些大公司的计划也能对政府政策产生影响。因此，鞭策并影响企业行为也很重要。

2006 年，为回应"森林道义"（Forest Ethics）组织的要求，阿斯彭滑雪公司加入绿色和平（Greenpeace）倡导的"拒用金百利・克拉克（Kimberly-Clark）纸类制品"（包括知名品牌舒洁）的行动。世人对金百利・克拉克的顾虑在于该公司的纸和纸浆原料取自濒临绝种的原始森林。绿色和平的联合抵制行动（2007 年有 700 人参与）旨在迫使该公司停止使用来自濒临灭绝森林的纤维，改用森林监察委员会（Forest Stewardship Council）认证的纤维，大幅增进所有卫生纸类产品使用再生纸的比例（由于金百利完全不使用消费后再生制品）。

加入联合抵制行列的阿斯彭滑雪公司大举更换山区、酒店和餐厅里的金百利制品。我在此过程犯了个错误：对媒体侃侃而谈。于是媒体过足了标题的瘾："卫生纸问题"（The Issue Over Tissue）、"舒洁制造商不敢轻视滑雪公司的顾虑"（Kleenex Maker Not Sneezing at Skico's Concern）。虽然这些报道是公平的，但地方专栏作家可气疯了，其中一个标题为"拯救地球，吃鼻屎吧"（Save the Planet，Eat a Booger）的专栏，以此愤怒的讥讽作结尾：

当前的事实是，一家公司把回收铝制品的环保运动的号角吹得越响，该营利组织绿色事业的影响力就越大。近年来，滑雪公司把这么多的内部营销资源集中起来，尽全力让世界明白这种"伪装"成液体吸收技术的拙劣的生态模仿，也算是好事一桩。

尽管这项行动稍微提高了阿斯彭滑雪公司的知名度，许多当地人士却觉得此举虚情假意，显然只是做表面工夫。我们自己都有问题了，哪有资格指责其他公司？更糟的是，不少人认为这只是阿斯彭滑雪公司的宣传伎俩，是不必做太多改变或努力便唾手可得的公关机会。公司内部也出现了反对浪潮：当我们提议把阿斯彭一条知名滑雪道的名字从"金百利滑道"换成别的时，资深员工气愤极了（最后那个名称被保留下来了）。联合抵制行动后，阿斯彭负面的媒体形象延续了一年多，专栏作家一再拿它开刀。它被视为阿斯彭公关方面的大灾难，至少在当地是如此。

事实的确如此，但它也有另一层涵义：把用金百利·克拉克产品是阿斯彭公司当年所采取的最重要、最具影响力的行动。

阿斯彭滑雪公司刚寄了封信给金百利·克拉克的首席执行官告知将参与联合抵制行动，我们的首席执行官迈克·凯普兰就收到金百利首席执行官的回信。金百利迅速召集高层主管（包括环境事务副总裁肯·斯特拉瑟（Ken Strassner）），他们专程飞到这里和我们商讨金百利的工作。

他们为什么这么在乎呢？阿斯彭滑雪公司一年顶多跟他们买 3 万美元的产品，而金百利·克拉克是市值 320 亿美元的公司。

金百利在意的理由和 Ralph Lauren、Prada 及 LV 不计盈亏坚持要在阿斯彭开店的理由如出一辙。因为阿斯彭能见度高、名声响亮，能左右舆论，而且这个城镇具有新闻价值。虽然联合抵制不见得会成为新闻，但由于阿斯彭的参与会有人报道。

这次"拒用行动"，如同我们提出的"法庭之友辩护状"，也是阿斯彭公司将杠杆策略化为行动的例证。我们再次利用阿斯彭的名号，以小公司之姿驱动巨大的变革。

当金百利过来和我们会商时，我明确告诉它们不用大肆渲染它们的环保计划，我已经在网络上读过它们的资料了。可惜，接下来仍是一场极尽渲染的发表会。老实说，这些计划令人印象深刻，而且为了展现它们开阔的心胸，金百利团队答应在会后，和自然资源保护协会及绿色和平坐下来谈谈。会议开始后，我们感觉最主要的问题在于它们不愿花时间应对环保群体，而这就是金百利·克拉克和乔治亚—太平洋（Georgia-Pacific）等企业的最大差异。我问它们为什么连开会讨论都不肯。一个高级主管涨红着脸回答："绿色和平霸占了我们的办公室。你会跟入侵你办公室的人协商吗？"

答案当然是"没问题"。不然你要怎么赶它们出去？对这些团体置之不理是源自 20 世纪 50 年代的对策。多数现代企业的标准做法是与之正面交锋。事实上，阿斯彭滑雪公司有一个存在已久的战斗策略：回到 1998 年，当时的首席执行官帕特·欧唐诺吩咐我的前辈克莉丝·蓝恩（Chris Lane）找出我们在环保团体里的头号敌人。"谁真的讨厌我们？把名单给我。我一年里要在小尼尔请他们吃 4 顿午餐。"目的不是在贿赂这些人士（虽然我常告诉那些团体："这或许是你们这些垃圾工人一整年吃到的最好的食物了"），而是和他们对话，给这些非营利组织的头头和政府领导人与首席执行官一个直接接触的机会，让他们能当面表达他们的忧虑且被聆听，而我们也可以把他们当做免费的顾问团，先在他们身上测试我们的构想，再发表新的计划。

值得赞许的是，金百利·克拉克真的答应和自然资源保护协会及绿色和平协商。可惜，会谈失败了，但我们相信会谈仍将继续。最后，某些人口中阿斯彭滑雪公司的"胆小鬼的漂绿计划"（craven act of greenwashing）有效运用了长期、持续且严肃的首席执行官级别间的对话，影响了金百利·克拉克公司的商业行为。

←── 企业可彼此激励，共创环保 ──→

可以说一家公司有很多的机会来拉动诸如此类的企业杠杆。当阿斯彭滑雪公司需要添购价值为 25 万美元的新办公室家具时，我们进行公开招标，让 3 家公司竞标。在公开招标期间，我们询问厂商能提供的东西和价格，以及他们的环保计划。3 家厂商投标的价钱都差不多。我们分析了每家厂商的环保计划，把合约给了环保工作最积极的公司——赫曼·米勒（Herman Miller）。

如果故事就此结束，则会是很棒的结尾。一家公司因其环保立场获得金钱上的回馈而深受鼓舞（纯粹出自获利动机），希望在环保方面更上一层楼。但故事还没完呢，我们收到一家未中标的家具制造商的便条："我们自认为也非常环保，为什么我们没有中标？"我们把分析结果寄给他们参考。于是，现在有另一家公司受到刺激，在环保之路上向前迈进了，也纯粹是受利益驱使。

这则故事说的是如何从外部驱动企业变革。但你要如何从内部着手呢？要如何向民众、企业及政府领导人推广可持续经营的理念呢？

第六章

永不凋零的可持续性：创造持久的变革

"每个人都是参与者。"

——海地谚语

当你走进公共厕所，厕所门通常是向内摆动，意思是你不必接触那恶心、满是病菌的把手——你也可以用脚或肩膀把门顶开。但换成要出来的时候，你就无法避免了。没办法，你也想双手干干净净地离开厕所……而我们也不希望双手肮脏的家伙污染把手。

为什么公共厕所不把把手装在外面呢？

答案一点也不复杂。因为一直都是这样。现状就是人类的现实情况，厕所如此，商业行为也是如此。因此，绿色革命的一大重点便是推广可持续经营，并致力于将它实现。无论你面对的是阿斯彭的屋主、物业管理师、企业领导人、政府，或是你的配偶，在某种程度上，你推销可持续经营的对象必须是实际上的

"老板"。但向他们推销只是个起点（假设你没有被撺出去），你需要更全面的计划让你的环保方案落到实处，你要推广它的经济优势，并保证你的工作确实可行。我常用以下策略来推动可持续性计划：

1. 拟订一个迷人的计划。吸引领导层的注意。

2. 以经济利益为重点。根据计划，赞扬绿化的纯经济效益——它有利可图！你必须抛弃 20 世纪 70 年代环保运动的"遗毒"（负面影响），特别是误认为自己在道德上高人一等的观念。

3. 巩固计划。采取若干步骤，确保你的可持续工作本身是可持续的。也就是说，它能替公司赚钱吗？如果不能，还有实现的价值吗？营销部门是否了解且能量化这些价值？努力为你的部门建立长期、有组织的后盾，特别是员工及社区的支持，这样一来，即便公司遭受不景气的冲击，你的部门也不会是第一个被裁掉的。协助领导层了解到，只重视经济效益是不够的——不进行道德层面的革新，公司将陷入瓶颈期，最好也能促使企业实施一些指导方针。像朋友一样对待基层员工并鼓励他们加入其中，也是这个巩固计划的要素。毕竟，你也是一个基层员工。

4. 建立伙伴关系。与政府、非营利组织和基金会合作，找出能启动环保措施的办法，善用这些机构的捐款和专门技术进行高成本的绿色计划。

5. 宣传你的成就。没什么能比好的新闻报道和全国性的奖项更能鼓励管理阶层精益求精了，这也能协助推广环保运动（这是第九章的主题）。

当然，以上概述的策略只是"理论"。下面，我们将了解现实世界的情景。

←—— 拟订一份迷人而节省成本的环保计划 ——→

至少在节能减排的最前线，一家公司的启动计划的最佳方式是遵循药商模式。先免费提供一些试用产品，当人们成瘾，你便有长期顾客了。事实上，要将类似计划带进公司，最好的办法是先让计划落实，接受他人的视察，然后将意想不到的成效带进管理层。比方说，虽然尼尔酒店停车场的照明设备的更新计划执行起来难上加难，但最终的成果让大家振奋不已。我们让财务长开始接受投资回报率在12%以上的节能更新计划，虽然比多数企业类似项目的最低预期资本回报率还低20个百分点。但他会接受这个回报率是因为他了解获利是真实的，且最终产品是高品质的。另外，大众对他"积极支持环保工作"给予了一致好评，他甚至受邀去领取一个奖项。这不是精打细算的财务人员常能获得的荣耀，而这份荣耀令人沉醉。

这种方法——在你实行全面性的计划之前，先拟订一份迷人而节省成本的计划——与企业变革的传统智慧背道而驰。一般认为，如果你不先融入公司文化，势必会碰上我们在尼尔酒店遭遇的阻碍。但我不同意，如果你的计划是从开启长期的文化变革着手，你马上就会碰到这种情况：人们纷纷质问，高层部门那个搞环保的家伙是在干什么……公司是花钱找他来做什么的？当你对唐尼说："我们在打文化变革的基础。"他会一边用眼皮沉重的双眼望着你，一边慢慢、深深地吸一口他的骆驼牌香烟。

说个题外话，请记住，身为气候及能源"怪胎"的你觉得迷人的东西，不见得会得到别人的青睐。例如：我一个环保兴头正旺的朋友，偷偷用第一代的节能日光灯泡替换厨房里的所有嵌顶灯。而他的妻子一走入厨房，便叫他把那些灯换掉。以这个例子来说，就连夫妇两人对"迷人"的认知都有一段差距。或许我的朋友也该把基础工作做得更好一些，比如送一束花啦，或搞个烛光晚餐之类的。

尽管如此，在第一份迷人的计划之上，你还必须向你的妻子或高层主管推销可实行的、全面性的可持续发展的企业策略，或大力宣扬节能及环保工作的好处。

←—— 全面推进绿色商业活动 ——→

这场叫卖众所周知、简单明了。许多利益都与可持续性的商业活动有关，最基本的就是节省成本和提升形象。有些工作或许相当棘手，但仍有充分的理由去做——贵公司将更有效率，因而更有竞争力。你会得到回报，虽然并不总是非常丰硕。如果我们希望气候问题还有解决的希望，就必须紧抓着这些问题不放。

下文将阐述实施全面性绿色商业活动的好处及理由。

←—— 企业可持续发展的情况 ——→

- 提高能源效率，节约成本。
- 降低风险（如水洗式零件清洗机不会制造有毒废弃物，因此不必接受监管，也不会有潜在罚款）。
- 改善社区关系，使计划更容易进行。
- 履行道德义务（做这件事是对的）。
- 支持所有权的合法化。
- 减轻法律责任。
- 大部分有前景且管理良好的公司（如通用、丰田、星巴克、沃尔玛、联邦快递等等）都在做。
- 吸引及留住员工（冬季来滑雪度假村的年轻小伙子通常满怀理想，特别想为合乎道德标准的公司效力）。
- 提出策略性的愿景（例如，考虑未来与碳排放有关的规范会对公司产生怎样的冲击，以及如何影响旅游业、利润率和员工层面等）。
- 生产出更好的产品（绿色环保设计通常是好的设计）。
- 建立更好的管理模式（追求可持续经营的公司一定会精确测量自然资源的使用量，这便是杜绝浪费、提高效率的机会）。

·考虑市场区隔及品牌定位(绿化是让产品在竞争商品中脱颖而出的一种方式)。

·进行免费的公关与营销——贵公司的免费报道!

那么,这种推销在真实世界呈现出什么面貌,结果又是如何?

刚开始,推销通常着眼于经济方面:节能与省钱。范围甚至可以缩得更小,仅限于高投资回报率的计划;如有必要,投资回报率的门槛可以设得非常高。策略上来说,要打入一家行事非常谨慎的企业,这是个不错的方式。

以下是一位环境部门的经理发给管理团队的一封电子邮件,大力向公司推广有利可图的气候方案,这是多年来我所见过相当好的一个推销实例。请注意,他完全把焦点摆在能源、低碳管理及高投资回报率上(这份备忘录只保留最关键的部分)。

收件者:管理团队

发件人:能源英雄

主旨:减少各事业部门的能源消耗量及成本

要前进就非作不可的决定

为了在这个领域获得更大的进展,高级管理团队必须理清能源工作的目标并达成共识,而且有必要对每个事业部门的主管说明清楚。我们最广泛且重要的目标显然是减少能源消耗,同时降低能源支出,以及减轻各事业部门对环境的冲击。我们还可以拟定更明确的目标:为独资事业部门建立能源消耗和碳排放的底线,并在未来1~3年内大幅缩减碳排放量。

我们建议先将焦点放在既节省能源而又有高投资回报率的措施上,近期内不必考虑那些成本大于获利的措施。若考虑到能源商品的价格变动剧烈且节节高攀,这个焦点就实为明智之举。

这份备忘录几乎毋庸置疑,不论你是干哪行的——尤其是,它建议节能行动投资回报率的门槛可设在百分之百。但是,就我十多年的工作经验来说，我得到的都是一致得令人惊奇的回应，那包含以下种种顾虑：

· 我们无意"走环保路线"。剑麻地毯或竹地板与我们以获利为取向的企业使命无关。

· 环保与管理是两码子事，就连节能与管理也是两码子事。绿色计划不是我的职责——制造商品才是——因为它会让你在核心工作中分心，所以这样逼迫主管是不合适的。

· 提高效率是好事，但市场已经注意到了。

常常，我们明明在跟主管聊"能源"和"高投资回报率"的事，他们仍会听到"环保"这两个字眼。这是因为我们的职业身份常带着"环保"的字眼，所以他们认为那才是谈话的主题。这在环保发展史上是相当合理的回应，这些历史也间接鼓励主管马上把备忘录的作者归为一类——就因为他的身份及信件主旨。我猜许多位环保官员都会听到："精油、勃肯鞋、毛茸茸的胳肢窝。街头抗议群众叫你扔掉你的车、洗冷水澡、砸烂电视、使用不良照明或根本不用。"加上一般环境部门经理老是一副目中无人、大义凛然的样子，似乎与企业背景格格不入。这些回应都是可以理解的，但他们错失了公开讨论的机会。

许多商人都说他们不希望把"绿色"问题定义为驱动获利的"管理"，说得有理。只不过我历来主张的计划都是以获利为导向的——说来可笑！问题就出在它们没那么顺利。或许我不该再戴念珠或穿扎染的衣服了。

还有一个反应也很常见，就是声称：最有效的措施一定已经在起作用了，因为市场的无形之手一定不会放过这些高回报的机会。这与艾默里·洛文斯（Amory Lovins）爱说的一个笑话有异曲同工之妙：一个经济学家与他的孙女同行，女孩儿看到地上有一万美元的大钞，她想捡起来，但经济学家说："别费心了，如果那些是真钞，早就被人捡起来了。"如我们所见，企业里一直存在着许多障碍阻止企业省钱，就算那是地上唾手可得的一万美元。事实上，企业有很多"好理由"不去捡那些钞票，其中经常听到是：在捡这些钱的同时，你或许可通过销售产品赚到 10 万美元。纵观历史，企业本身确实是赚钱的组织，而非省钱的机制。

尽管如此，相信仍有人不解这种误解为什么如此频繁的发生。我们推销的明明是"赚钱的投资"，为何到经理人耳中会变成"无稽之谈"？简单地说，这是因为 20 世纪 70 年代的遗毒（偏激派"抱树的"行为）侵蚀了今天的环保运动，造成了当今民众对环保人士及其奋战态度的错误认知。

←——— 改变 20 世纪 70 年代偏激派"抱树的"形象 ———→

在某种程度上，讲究实际、分工合作且关注气候变化的现代环保人士，被过去偏激、排他、不理性、只见树木不见森林的传统环保主义挑断了全身筋脉。我和一些同行常被叫做"抱树的"，而这个标签给我们带来了相当艰巨的挑战。1997 年，我赴圣达菲参加瑞典的可持续运动组织"自然步骤"（Natural Step）在美国开展的第一场高强度训练，与会者都是社会的中坚力量：商人、科学家和一些核心"环保人士"。最后，一位女士站起来说："我每天都在为地球哭泣"，接着便泪如雨下。这可把我给吓坏了。我心想："赶快把这个女人赶出房间，逐出环保界。"如果给世人看到她这副德行，我的工作将更难开展，因为人们会误认为所有环保人士都是像她这样的疯子。显然，到目前为止，的确很多人如此。

许多聪明而有成就的商人都对以往的环保运动倒尽胃口。硅谷芯片制造商赛普拉斯半导体（Cypress Semiconductor）的总裁兼首席执行官 T. J. 罗杰斯（T. J. Rogers）就是一个例子。他也是美国太阳能面板主要制造商 Sun Power 公司的董事长。罗杰斯这么告诉《财富》

杂志："对全球变暖问题，态度最激进的那个团体，在我看来是世界最糟糕的一群人。我对他们厌恶到连他们客观陈述的话都听不进去。而说这句话的人在再生能源及节能技术的发展上，付出的可远比多数人都多。他称呼大部分的环保人士为'得了强迫症的乌托邦主义者'——他们强迫公司和个人去做那些他们认为对地球有益的事情。"

罗杰主张："环保主义应是一门以收集和分析统计数据来主导决策的科学。此时此刻，特别是政府与学术圈里，我所见到的环保主义几乎如同世俗的宗教，用没有事实根据的一套信仰来招揽知识分子和道德崇高的崇拜者……圣环保教的启蒙运动的终极目标便是建立以下共识：人类都是邪恶而龌龊的，他们只会污染和毁坏美好的事物，如我们的环境。"

哎呀，这可不是70年代的遗毒吗！事实上，以往的环保运动就是罗杰斯描述的这个样子，迄今仍在许多领域"枝繁叶茂"。最近一次我在搭飞机时，隔壁坐着一位来自俄亥俄州的老太太，她问我是做什么的。我一告诉她，她便说："噢，你是环保主义者。"

想到那个每天为地球掩面哭泣的女人，我连忙否认："噢，不是……其实不是这样……我的意思是，不是您所想的那样，那个名词不能涵盖一切。"那位老太太脑海闪过的画面和那位经理一模一样：正气凛然、蓬头垢面的街头抗议分子呼吁禁止商业行为和彻底降低你的生活品质，甚至减少人口。我告诉这位老太太我真的只把自己当成生意人，仅此而已。然而，就算在我谈生意的时候，人们仍以对环保的刻板印象看待我：住在森林里满脸胡子的老头、自然主义者、激进分子，每天都有人叫我"抱树的"。

在我请营运长约翰·诺顿踩脚踏车来向高层主管报告之后，一位主管走来跟我说："告诉我山里狮子的事……下次开会我想要了解山里狮子的事情。"我目瞪口呆，他还不如叫我报告就我所知的与狮子有关的后印象派的绘画。但在一般人的心目中，环境部门的职责就是向管理层讲解诸如山中狮子之类的知识。如果我想成功，就得迅速改变这种观念。

←—— 道德必须扮演重要角色 ——→

20 世纪 70 年代以道德为基础的环保运动本身并没有错，错的是它的方式；它刺耳、不吸引人，让整个时代的商人倒尽胃口。其实，企业可持续经营工作必须关注道德层面，因为不是每个障碍都可以用投资回报率来克服。但我说的不是"我比你高尚"或"你是坏蛋"等毁灭性的说教，而是纯粹的道德：简单、传统的价值，如诚实、尊重、保护大自然。我说的是企业必须具备"做正确的事情"的观念。

前文讨论过，如果说不出来龙去脉、提不出更广泛的环保使命，空洞的经济推销法或许无法让经理人理解。面对重重阻碍，如果你只有经济一种工具，要在贵公司推行可持续工作不是止步不前，就是会引发一系列"刮脂"效应——只有利润最高的项目会被实施，其余一概遭拒。

这是企业的切实危机，但事实上它可能是系统设定的。如前文所述，只进行数项甚至多项有利可图的绿化工作，一家公司便可节省开支，赢得非常好的环保名声，但绝对无法将二氧化碳排放量降低80%~90%，无法达到想解决气候问题必须落实的标准。

然而多数非政府组织游说业界的论点都出于纯经济考虑，因此势必会产生下文的结果。我本人也是非营利组织出身，刚开始也以这种方式迎接挑战。

就在阿斯彭滑雪公司建完美国第一批获得认证的"绿色建筑"（位于阿斯彭山的 Sundeck 餐厅）后不久，我同首席执行官帕特·欧唐诺一起召开记者会并接受提问。忠于绿色建筑路线（认为具环境责任的建筑有益经济发展）的我扭曲事实，告诉满场的记者："这栋大楼的许多环保元素非但不会增加成本，还能提升建筑品质。绿色建筑是一种稳健的投资，因为你可以在几乎没有额外成本的情况下生产较好的产品，同时享有长期的财务收益。"

帕特的答复和我截然不同。"我们这么做是因为这是正确的事情，"他说，"这让我们多花数十万美元，但管理阶层和股东一致同意。基于我们的指导原则，以及我们以价值为导向的事业，这是我们该做的事。"帕特这番话把我吓坏了——它完全违背了可持续经营运动的既有教义，也把道德嵌入（我相信至少在大众面前）经济论点的说辞之中。我担心，提到增加成本（其实成本确实增加了）会阻碍整体的绿色建筑运动。事实上，我觉得在成本这件事上或许撒个谎比较好，不然就选择回避，不要提及。

而这整个事件最糟的是，帕特是对的。

没有道德授权，你无法在绿色事业领域成为领导人。为什么？因为在现实世界中，多数管理团队只会接受能保证获利的环保措施。再重复一次：如果可持续经营便宜又容易，各家公司早就做到了。问题就出在它有本质上的困难，而且往往费用不菲。它可能没有财务上的投资回报率（虽然多数专家声称如此），就算有，或许也远远达不到许多财务部长所能接受的范围。何况，就定义而言，企业只有一个焦点：获利和股东报酬。因此，短期内有损股东价值的环保工作往往胎死腹中。要维护制定道德决策的能力，许多可持续经营的领导企业必须维持私人经营的方式，如巴塔哥尼亚，或者从股东制改回私人经营方式的李维斯牛仔裤。

我们在第三章中提到，我建议尼尔酒店进行的翻新工程，纯粹出于经济上的考虑。但若不是我们的首席执行官大力推进，那也不可能实现。他了解，除了投资回报率，我们还有更重要的理由做这件事。虽然那则故事呈现的环保规模不大，但这种适用于市值数十亿企业的做事原则，同样适用于滑雪度假村。

以较大的规模来看，美国企业开发绿能的经验也证明有些意义重大的环保措施是无法回本的，至少乍看下是如此。对多数组织来说，能源消耗在其环境足迹中占有最大的比重。你不能以经济论点来讨论这件事——它的成本一定比较高，尤其如果你和多数公司一样，是买风力信用额度（wind credits）而非直接动力的话。早期，购买风力额度是一种非常积极的环保行为。具有环保意识的公司向来愿意支付更多的钱。早在事实证明购买风力能源能在公关方面提供丰厚投资报酬之前，它们就如此了（这种认识反倒腐蚀了洁净能源产业，而造就了半欺诈的再生能源额度产业，第七章有详尽讨论）。这些公司必须离开投资回报率的框架，而框架外面就是道德。

我们可以这么说，除非一家公司有出于道德而非经济的使命感，否则可持续经营不可能实现。经济利益将引领你走一段路，但也将让你原地打转，永远到不了终点。

←── 一旦推销失败 ──→

撇开道德，有时你必须"赢得难看"。或者，就像奥克兰突击者队（Oakland Raiders）艾伯特·戴维斯（Albert Davis）的名言，有时你必须"只求胜利，宝贝"（为达目的不择手段）。要克服文化抗拒通常只有一种方式：等待当权者消失，不论是离开公司、被开除、退休，或去世。

当我们试着把路线图和营销用纸的原料由白纸改成再生纸时，就会经历这样的事情。多数营销资料（印了数十万件）都使用白纸印却还敢自称绿色企业，看起来多虚伪。把东西印在高级再生纸上，我们可以转危（使用大量能源印一大堆最后都是垃圾的东西）为安，我们购买再生纸，就是在支持废弃物回收市场。

但那时当我向营销部经理提出这个建议时，她简单地回答：

"不好。"

"再生纸"，她说，"看起来好脏。"更糟的是，如果你用再生纸印路线图，一旦弄湿，"纸会皱巴巴的。而且不管怎么说——这里是阿斯彭。我们要印精美又有光泽的手册，再生纸是行不通的。我们不想让我们印的东西看起来像超市的褐色纸袋"。当时我觉得她的话很荒谬，再生纸会发皱，完全是她的想象，就像有人说日光灯不省电一样。但她的个性强硬，绝不会让步。我该怎么解决呢？没什么巧妙、奏效、有智慧的办法，只能等她离开公司再说了。她被撤换了，位置先后由两位心胸开阔的女性取代（她们的先生偶尔会跟我喝两杯）。所以，现在阿斯彭滑雪公司的营销资料用 100% 再生纸印刷。营销资料清楚、干净又美观，路线图就算埋在雪中也不会发皱。

←── 涟漪效应 ──→

就连再生纸也代表了一种"新技术"，而事实是，被新事物灼伤的事件在企业间无所不在，例如免水便池。

在我听来那是个好主意。2000 年时，免水便池还是种相当新的技术，也是有前景被看好的技术。那代表一种可将用水量减为零，服务又不打折的罕见机会。毕竟，我在向高层主管提出这个构想时问："有谁上完后会冲水呢？"小尼尔酒店的总经理，也是我的朋友埃里克·考尔德伦回答："我会，我爸妈把我教育得很好。"

高效率地用水是可持续经营这个谜团的一大要素，其重要性与日俱增。它也是一种顺应气候变化的作为——由于全球气候已开始变暖，而这几乎可与供水短缺划上等号，因此我们一部分的气候策略必须聚焦于其应对之道。

令人意外的是，安装设备这件事很难比其他例行事务做得好。自实施《1994 年能源政策法案》（Energy Policy Act of 1994）以来，所有新的马桶、便池和水龙头都必须符合严格的能源规定。当你听到人们自夸他们的建筑很环保（它们有"低流量"或"高效能"的设备）时，请记住这点：它们通常只是在安装时符合法律要求罢了。

我们决定在丰雪俱乐部（Snowmass Club）试用免水便池。我买了市面上最好的机型，由我们的维修人员安装。如果成效不错，再更换全公司的便池。

当时的首席执行官帕特·欧唐诺会去丰雪俱乐部做晨间运动，五点左右先做一小时的心肺有氧运动，然后做重量训练。所以他会是率先见到，或许也会是试用新便池的人士之一。

某天一大清早，当我抵达公司时，帕特在办公室里隔着玻璃挥手要我进去。

"奥登，"他说，"今天早上我去健身了，也尿在免水便池里面了。"

"哦?"我说。

"是啊。它会发臭，而且底部有一些化石一样的残留物，挺恶心的。我下个星期要去度假，等我回来的时候，我不想再见到那个东西。"

后来我们把便池换掉了。没什么大不了的，不是吗? 我们会换另一种试试，而科技会进步，我们会有更新、更好的产品。毕竟，这种技术才在起步阶段。

这么想就错了，问题很大。

隔了一阵子，我向某些维修人员提议试试另一种机型。帕特听到风声便说："除非踏过我的尸体。"他发誓，在他任期内我们休想改用免水便池。这话可是出自公司的环保梦想家、率先推动环保计划的男人之口。更糟的是，免水便池的构想后来成为公司的一大笑柄。例如，有人问："嘿，奥登，最近有没有其他杰出的计划呀? 像免水便池之类的?"

今天，免水便池已广为使用——连艾伯特塔（Alta）和雪鸟（Snowbird）等其他滑雪度假村也用了——没有味道，也没有"化石般的残留物"。事实上，四星级的华盛顿洲际（Washington Intercontinental）酒店被《旅游休闲》（*Travel+Leisure*）杂志选为华盛顿特区最好的酒店及全球前五大优质酒店，也在公共区安装了这种便池。这家酒店甚至在 2006 年赢得《商务旅行》（*Executive Traveler*）杂志颁发的"最佳卫浴奖"。但在我们首次实验的 5 年后，风雪俱乐部仍然使用冲水式便池。

这件事带给我们的教训是：如果你是采用某项新技术的先驱而计划并不成功，你已经把未来一切计划的燃料烧光了。长期来看，如果日后专案经理不愿承担类似计划的风险（有时根本没有风险，只是他们觉得有风险），一项绿色计划或许会造成相反效果。这种涟漪效应是必须尽可能避免的东西，就像免水便池的例子，福星不会一直高照。

这个故事的重点在于证明了：世间任何事情，我们都有足以解决问题的技术。问题总是出在人性，可能是行为，也可能是文化。因此，解决气候变化问题的科学与艺术便在于解除这些障碍，并在其周边寻找其他路径。

那么，你要怎么越过这些人性的障碍呢？

←── 一定要百折不挠 ──→

我们还有一个在与尼尔同样规模的酒店里实施大型停车场照明计划的机会——这一次是从零开始：为丰雪度假村规划有 800 个车位的地下停车场。当我在设计阶段提议使用尼尔安装的那种节能照明时，我们雇用的工程人员提出了一个我前所未闻的不使用节能照明的理由。

"奥克兰一间停车场有恶徒拿球棒砸毁所有装置，然后攻击人。"

"嗯……丰雪不比奥克兰，但球棒能砸毁任何一种装置不是吗？"

"嗯……是啦。但你还是不会想用那种装置。用了那种灯泡，你就不能用高压水柱清洗停车场的天花板了。"

"人类史上有人用高压水柱清洗停车场的天花板吗?"

"没有。"

这段对话让我立刻顿悟（"啊哈，原来如此!"）。这些家伙根本不想用不一样的灯泡，仅此而已，纯粹就是不想改变罢了。

除了咬紧牙关、坚韧不拔，没有其他秘方能帮你熬过这种抗拒。但光是了解这个道理本身，就是一种启蒙性思考。为什么? 因为没有哪项训练、哪份文献、哪位顾问或哪个政府部门会告诉你，对于可持续经营，"你一定要百折不挠——你要做一头领头羊"。你不会听到哪位顾问说："没有别的路走——你必须打倒这些家伙，或是撑得比他们更久。随身携带美式足球的头盔和战斧吧。"但事实的确如此。

这就是为什么最出色的环保计划倡议者会长得比较像赏金猎人（Dog the Bounty Hunter）而非赛先生（Mr. Science）。对我来说，打赢类似战役的模范（而我们确实赢了这场战役——现在这座停车场里有超省电的节能灯了）是 1983 年美国网球公开赛的吉米·康诺斯（Jimmy Connors）。尽管痢疾迫使他多次离开球场去上洗手间，但他还是赢得了锦标赛。"那不像之前几场决赛赢得那么漂亮，"康诺斯在同年 9 月告诉《基督教科学箴言报》（*Christian Science Monitor*）的罗斯·艾特金（Ross Atkin），"或许也不是最好看的一场比赛，但我还是做到了。"

这就是你需要的坚韧。往往我们需要的技术会有的，欠缺的仅是意志力。

←—— 对普通工作人员友好 ——→

如果你可以取信于高层管理团队，却说服不了普通工作人员，那你就跟没有开始一样。那么，你要怎样跟基层员工交流呢? 就像阿斯彭滑雪公司的多数环保计划"让铲雪车使用生物柴油"的构想是来自一名基层员工——在造雪部门工作了 30 年的老莱尔·奥利弗（Lyle Oliver）。上了年纪的莱尔一板一眼、正经八百，穿着他的李维斯工作服。一天他来找我，说："如果你认为你很环保，那一定要用这个。"然后他拿了一篇《丹佛邮报》的报道给我看，内容就在讲某个叫生物柴油的东西。

我仔细读了。生物柴油也是柴油——效用和一般柴油燃料一样——但它的原料是大豆和菜籽等农作物。在阿斯彭，空气质量是重大问题。虽然我们的测量结果显示阿斯彭山顶是美国最干净的地方之一，但在柴油公车、卡车和铲雪车加班行驶的山谷底下，历年来的空气质量连环保局最低标准都达不到。

在详加考察整个度假村对环境的冲击后，才发现我们每年要燃烧26 万加仑的柴油，其中大部分来自铲雪车，而这就成了地方空气质量问题的主因。

你没办法像购买油电混合动力车那样买一部更节省燃料的铲雪车——你顶多只能买目前市面上最好的机型。为了节能减排，我们决定将目标锁定在燃料上。于是，我再次召集车辆技工到房里开会。

场景依然如故：我西装笔挺，他们穿着脏兮兮的工作服。所有最重要的技工都跟唐尼一样，这是会传染的，我管他们叫"唐尼们"。我对铲雪车的了解非常有限，而他们不仅对铲雪车知之甚详，也熟知所有机械原理。

当我提出用薯条油作为铲雪车燃料的构想（你也可以用薯条油制造生物柴油）时，他们把我看成皮威·赫尔曼（Pee Wee Herman）——个惹人讨厌、对他们的工作知之甚少的怪胎。我则把他们视为老是一脸怀疑的怪头 T 先生（译注：《天龙特工队》影集里的 Mr. T）——暴躁、心胸狭隘、冥顽不灵的家伙。可想而知，他们最初的回答是："不要。"

公司基层员工与高级白领主管之间往往存在着某种信任危机。这来自蓝领和白领之间的分歧，而这只是因为他们没有一起出去玩过，或是双方都不太了解彼此。问题在于管理阶层了解许多事情非做不可，是因为背后有一些理论和方向，但唯有工厂里的同仁才知道如何实现。于是这样造成了僵局，而如果我们想向前迈进，必须打破僵局。同样，要解决文化分歧，而非技术问题——当然至关重要。我们也必须了解这种分歧的本质，这样才有办法解决它。

我们很容易对技工产生刻板印象——他们教育程度低、不学无术。他们不在乎环境，因为他们愚蠢。这是许多环保主义人士看到别人不明白他们存在目的时的直觉反应。但让我们探究得更深入一些。

阿斯彭滑雪公司的铲雪车技工不是没受教育、不学无术的人，他们个个聪明机灵、技术高超。他们在铲雪车及其他车辆方面有数十年的经验，知道什么可行，什么不可行。铲雪车一部要二三十万美元，而铲雪车停工就代表滑雪道无法保持光鲜亮丽，这样会让客人不高兴——所以让铲雪车保持运作十分重要。技工们没有尝试新东西的诱因，是因为他们已经知道什么可行。如果他们一直对走进工厂的新环保"大学男孩"所提的每一个构想都说"好"，他们早就丢掉工作了。对于生物柴油，他们的心里或许这么想象：

"奥登，我们把铲雪机加了薯条油，然后它们都不好使了。我们价值25万美元的铲雪舰队都不能正常运行了。我们昨晚没办法清理雪坡，所以客人不爽，我老板也很不爽，很多客人都很不爽。而我得清晨3点起床修理我们的设备，外面不到华氏20度（零下6摄氏度）。"

"嗯，唐尼，那真的非常不幸。可是，哎呀！我又不是技工，我学的是生物。这我可能帮不上忙……我真的很抱歉！"

现在，让我想象一下，"唐尼们"的人生除了"绿色圣战"之外，还有其他的事要烦恼——例如，他们或许背了压得他喘不过气的房贷（很可能在阿斯彭市或市郊），或者有小孩在念大学，或者有家人生病，有剩余债务要还，或者其他不为人知的事。当"唐尼们"

做了他们心目中对的事情来保护公司和他们的工作，他们不是对环保心存怀疑，而是讲究实际，做好员工应为的事。

尽管如此，生物柴油仍然是个好构想。问题不在于生物柴油，而是在于彼此的信任。我要怎么打破蓝、白领之间的藩篱，进入铲雪车技工的信任圈呢？

一天，当我走在工厂四周，检查危险废弃物的存放位置，满怀期望地看着一部新的水洗式零件清洗机时，眼角瞄到了某样东西。那看来像一把大十字弓，有一辆汽车那么大，还以阿斯彭的树叶标志做装饰。

我漫不经心地问唐尼："那是什么？"

"噢，那是我们的甜瓜发射器。每年这个季节结束时我们都会参加年度滑雪区的车辆技术会议。最后一天我们会去一大片原野吃烤肉串，然后比赛谁可以把甜瓜射得最远。规则是你不可以使用压缩气体——只能用弹簧和金属。"

我把发射器画了下来。

隔天一早，我在 8 点左右经过帕特的办公室。那时帕特已经到了 3 个小时，健身完了。我把画了甜瓜发射器的那张纸拿出来，贴在玻璃上。帕特看到了，挥手叫我进去。

"那是什么鬼东西？"帕特跟普通男人一样，对一切富有军人主义色彩的东西深深着迷：火炮、火箭发射器、大弹弓。

"甜瓜发射器。它可以把格林河的罗马甜瓜射到 250 码之外。每年我们的车厂都会做这些玩意儿和其他滑雪度假村比赛。去年我们败给了布瑞肯利吉。"

帕特站起来，说："我们明年一定要赢回来。我们非赢不可！"

于是，帕特"全场紧盯"，要研发出更好、更大、更强的南瓜发射器。现在每天车厂都在我们行政大楼外面的超大停车场发射甜瓜。投入这个机械的时间长达数十小时，预算无上限。

　　最后，他们打造了一支机械支臂，让技工把罗马甜瓜放在支臂尾端。在多次测试中，发射器的力量很大，甚至当他们一扣扳机，"弹药"便当场灰飞烟灭。我们再次败给布瑞肯利吉，而同年夏天帕特下令中止研发，因为它预备接下停车场其他的任务。

　　但研发甜瓜发射器的结果是，我跟那些技工虽然还称不上朋友，但也对彼此更了解。我们之间产生了某种程度的信任。我知道那些技工既非不学无术也非冥顽不灵；他们也了解到：我不是只会做白日梦、一无所知又不切实际的大学男孩（至少不全然如此）。最后，在最早提出生物柴油的莱尔·奥利弗满怀怨恨地退休后，我们在所有铲雪车的燃料中混入 20% 的生物柴油。我们循序渐进，开始先在最小的山丘做测试，一年后再用于气候更冷的阿斯彭山，以便测试燃料在天寒地冻下凝胶化的情况，最后才全面应用于我们所有的山丘。

　　这不是一种毫无瑕疵的产品，我们曾经滤网堵塞，燃料水槽里也滋生细菌，但我们已将这些问题解决，而且让其他度假中心和当地的运输系统紧随我们的脚步。公司和技工终于就这个问题达成协议，一些最暴躁的铲雪车司机甚至拿它开玩笑。生物柴油为阿斯彭滑雪公司在公关上博得非常好的名声。但 2008 年发生了两件事。首先，新的联邦法规颁布，要求所有柴油引擎符合严格的新标准，而较干净的柴油引擎比生物柴油效果更好。其次，生物热潮使生物柴油的价格飙涨，与此同时，新的研究显示生物柴油对地球或许不那么好。眼见这项产品不再有任何明显的益处，我们便停止了使用，于是这件事就这么落幕了。

　　最近，其中一位驾驶员马克·葛瑞塞特（Mark Gressett）在一场季前滑雪特卖会上跟我打招呼。他喜欢穿 T 恤然后把袖子剪掉，吃巧克力、喝汽水，骂人的功力远胜于我认识的任何人。他不必什么挑衅就能妙语连珠似地轰出一大段咒骂，其中大多与别人的母亲有关，也只能用被称为艺术感的这种东西串联起来。他也是个一流的挖土机驾驶者，美国最好的"技工"之一，也是铲雪车精确维修比赛的常胜将军。我曾见过他用牙齿咬掉挖土机上棒球大小的石子。在会议上，葛瑞塞特过来找我，把手放在我肩膀上，说："啊，奥登，我花了一整个夏天燃烧那第一名的柴油。天啊，我爱死那种第一名的柴油了。"第一名是最高级、最贵的柴油，当然不是生物柴油。

我往下一看，看到他另一只手伸出中指，指着我的脸。就像往常一样，他全身散发柴油的味道。我抬头望着他的眼，它们全皱成一团，顽皮地闪烁着。

然后他拍拍我的肩膀，咧嘴而笑，这家伙已成了我的朋友。

⟵ 制定持久的可持续经营措施 ⟶

要向管理阶层及工作人员推销可持续经营措施最困难之处在于，这种计划一般会被视为公司的重大开销。因此，企业可持续经营工作最不长久的一环是负责这些计划的部门或计划本身，往往是经济衰退时或是领导核心变动后，第一个被裁的对象。

不幸的是，环保向来被视为一种奢侈品，某种有钱才能做的事。我在阿斯彭滑雪公司任职期间，亲眼见到比恩（L. L. Bean）、诺德斯特姆（Nordstrom）和勃肯（Birkenstock）等公司的环保职务遭到裁减，基本上都是由于财务问题。

如果一直置身被废除的危险——就算不是现在，未来几年也有可能——可持续工作要如何持续呢？在阿斯彭滑雪公司，我们开始接到许多请求帮忙、给予建议和指导的电话。我们明白我们没办法一边回应这些要求，一边继续做我们自己的事，但很明显的是，具备实务经验的可持续经营顾问，是可以有一席之地的。后来，我们成立了一家顾问公司来回应这些请求。我们的想法是，如果一向被视为公司负担的环境部门能成为利润中心，那么这个部门——以及公司内的可持续性措施——就真的能长长久久了。

具有讽刺意味的是，这个新的企业部门，以及新的营业收入来源，本身就是一座防御气候变化的篱笆。如果滑雪业还能进行一百年，或许我们该耕耘这个部门，积累我们的经验。等到滑雪业完结之后，到 2100 年，我们就是一家有麦肯锡规模、羽翼丰壮的环境顾问公司了，只是"阿斯彭滑雪公司"这个名称比较奇怪而已。当滑雪业越来越不景气时，或许教人"如何避免重蹈滑雪产业的覆辙"的生意将越来越可行。

我们的方法并非独一无二。在阿斯彭滑雪公司的环境部门设立顾问的同时，分界面公司（Interface）（或许是可持续工作领导执行者的地毯制造商）的吉姆·哈特菲尔德（Jim Hartzfeld）也在那里开展类似的事业。他的目标是分享资讯、创造利润及拓展企业可持续经营运动，虽然他从忙得不可开交变成忙得乱七八糟，但是他的贡献也让他所在的部门成为公司不可或缺的一环。分界面公司或许会一直生产地毯，但如果哪天它的顾问事业更加出名，也别意外。

要确保一家公司的环境部门能可持续经营，成为利润中心只是诸多办法之一。在阿斯彭，我想你可以这么说：我们的环境方案深受员工及社区欢迎（员工以它们为荣，并且许多人觉得它们有趣、启发人心又充满希望），因此不可能废除。一旦废除，人们的愤怒将排山倒海而来。

不管绿色工作是否有利润、节省、公关或道德等方面的正当理由，关键在于它最终能被视为一件不只是"如果有也不错"的东西。它必须被视为无价之宝，因为事实就是如此。

⟵ 采取措施，促进节能减排 ⟶

亚里士多德认为我们可以通过美德练习来变得高尚。哲学家彼得·辛格（Peter Singer）以捐血者为例来阐释这项原则。研究人员以多伦多大学的一份研究为基础，证明第一次捐血通常是受外来因素影响，例如朋友的怂恿。但往后的捐血行为便逐渐受到社会责任感或道德义务的驱使。于是从某个时候开始，这个行为成了习惯——我一直在做。人类就是这样行事的。他们培养习惯，而习惯很难改变。有时它需要外部事件作为导火线。

要驱使企业针对气候变化采取行动，我觉得有一门课程值得学习。如果我们能让"节能减排"成为企业的习惯——甚至成瘾，我们便是向解决气候问题的终点迈进了一大步。但该怎么做呢？许多非营利组织都在尝试，但成效有限。鉴于能源基础建设的规模和生命周期，以及可预期的经济和人口增长率，气候变化堪比五级火警。但就像我前面所说的，我们都是水中的鱼，企业也不例外。虽然它们在能源里游泳，却看不见潜在的节约和减排的方式。

政府或非政府组织建议企业采用的温室气体减排计划大多存在着一个问题：这些计划大多不能提供技术援助——"指引式的信息"——然后让企业带头前进。它们也依赖自愿承诺或会员制度等带有强迫意味的相关手段。

举例来说，世界野生动物基金会的拯救气候计划（The World Wildlife Fund Climate Savers Program）就向企业提供知识、背景、对等网络和研究报告。但问题在于，多数企业已经知道气候变化是个问题，也知道它们必须有所作为。再进行一项研究来显示更换压缩机对气候有所帮助且 5 年就能回本，这已经不新鲜了，但委托进行研究确实可能有助于提升企业（或非营利组织）的形象。

参与美国环保局气候领导人计划（EPA's Climate Leaders Program）的伙伴们"设立了积极的企业温室气体减排目标，并详细记录了其温室气体排放，以追踪其迈向减排目标的进展。"最近，每个人都在做温室气体排放记录。我们必须立刻行动，结合排放记录，否则我们的客房将准备接待更多的荷兰人或孟加拉国人。

当然，我们有充分的理由立即行动。艾默里·洛文斯说，光是考虑经济方面，我们已经损失了节能减排可省下的 3 000 亿美元，这些全都是合理的投资报酬。无论你是否同意那个数字，没有人能否认节约的良机不仅确实存在，而且相当巨大。我们已经见过重重阻碍是如何造成碌碌无为——从最初成本的障碍，到对节能好处了解的欠缺。

要克服这些障碍，将企业引进减排之路，一个公认可行的办法是赋予二氧化碳一个排放价格来建立全球碳交易市场。这种方式创造的投资回报率会比光靠节约能源来得大，也将在节能减排方面建立专业与核心能力。

这是正确的思考，也是为什么几乎每一个气候领域的人——从政府到环保团体，从左派到右派——都期望碳交易制度能拯救世界。我们深信，如果传递的信息正确，市场有能力解决问题。但眼前有两个短期问题。首先，就算我们顺利建立了一个全球市场，这也是一种新的做法，企业需要安装训练轮才行。其次，多数经济学家认为，既要收到成效，又要促进经济繁荣，刚开始的碳价格必须低廉，日后再随时间上涨。那是因为成功的气候政策必须是持久的政策——要持久，就得顾全两党派——要顾全两党，就必须循序渐进——要循序渐进，碳价格刚开始就必须比较低廉。这意味碳价格开始会是微弱的讯号。

简单地说，一个价格在政治允许范围的碳交易市场，并不能改变能源仍然非常便宜的事实。但我们现在就需要"将碳拧出经济"。那么，问题来了：我们要怎么教企业去做它们未曾做过的事，并养成习惯呢？

芝加哥气候交易所试图通过一种自愿性排放交易计划来做到这点。目前的价格仍在每磅一分钱以下，因此交易量很少。基本情况是：许多碳其实能在花费不多的情况下节省下来，但我们需要机制来让人们着手行动。建立碳交易市场或许是正确的途径，但我们必须在短期内搭一座桥来连接它，征收碳税或许是更好的办法，因为碳在会计账目上仍有各种逃脱与捏造的空间。但一般认为征税在政治上并不可行。或许有个方法可行——运用企业非常了解的一样东西：现金。

刚开始我们常常需要注入现金来克服最初的成本问题，并让大众明白节能和减碳在实际中的意义。小尼尔酒店停车场更换照明就是一个好例子，它最后获得一家地方非营利组织的资助，金额足以支付1/4的投资成本。那笔补助是计划得以落实的重要因素。

我们需要给营利事业一份红包，让它实行有高投资回报率的计划，并且告诉管理阶层节能方案的好处。而结果是：现在，当我们提出类似投资回报率在12%以上的计划时，我们的财务部门基本上都会同意，眼睛眨都不眨一下。我们已经装满了火药，减排的阀门已经开启，不需要注入额外的资金了。

另一个例子是：企业可通过"性能验证"（commissioning）来轻松减排，也就是请第三方来设计、审核新大楼的冷暖气系统，并在安装后检查它是否能正常运作。在现有的大楼也可以做类似的工作。这叫重新验证（retrocommissioing），内容多少和我给老拖车做的"防寒工作"雷同。性能验证一定能节省能源（继而创造投资回报并减排），因为所有暖气系统都经过专门设计，且在初次安装时就正常运作了。机械技工可以不费吹灰之力，安装额外的锅炉——你永远都有用不完的热，你永远都不会抱怨！性能验证是一个相当新的构想，也是一笔预付成本，但其收益奇高；一旦上瘾，公司就会戒不掉这种做法了。

阿斯彭滑雪公司在试验性能验证之时，聘请了一位工程师来审核一栋新大楼的冷、暖气系统方案。这位工程师指出我们多装了一个热力泵（既占空间，又昂贵），这的确是在设计中毫无必要的装置。当我们按照他的建议将它移除，我们马上省下了一万美元，其中包含工程师的顾问费、减少能源消耗和相关的建筑排放物。而这位性能验证专员甚至还没展开检查新大楼暖气系统的工作——这又是一个能降低成本的机会。然后，我们的经理们表示未来所有建筑都会进行性能验证，而他们也会信守承诺。

虽然我们已经养成节能减排的习惯，不需别人游说就会主动尝试性能验证，多数公司却需要有人推一把。这是一笔意料外的预付成本。不幸的是，多数专门致力于气候变化工作的非营利组织并不愿施舍。毕竟，为什么要捐钱给营利事业呢？但要解决气候变化问题，企业是不可或缺的一环——因为它的规模，也因为它的影响力。难道不值得做一点点投资来永久改变企业的经营模式吗？

我们需要找出并驱动全新且非常划算的减排计划，而最好的办法或许是建立大众对气候行动的信任感。有了政府及私人基金会的资助，这种信任将能引出更多节能减排（不仅仅是一般的产业升级）的提案。资金由州公共目的税（public purpose tax，按照公用事业税率征收）提供的俄勒冈州能源信托基金会（Oregon's Energy Trust，参见 www. energytrust. org）就是这样的例子。但大部分的州都很难通过能源税提案，而气候问题不该因为缺乏政治意图而受阻。俄勒冈州的方案若要扩及全国，让私人基金会为主要资金来源的做法既能达到同样的目标，也能防止恐税症发作。事实上，能源信托基金会可以说是碳交易市场的雏形，因为它会购买能源效益（该信任计划其实是以折扣价购买减排量，因为它只会支付一部分计划的费用——仅够越过初次成本的门槛）。

全球大型环保团体——其中最大的约有一亿美元的预算——最初的成立宗旨都是为了保护土地和生物多样性。但这两者都会受到气候变化的威胁或破坏。全球最大的环保团体难道不该致力于地球最严重的气候问题吗？每年一亿美元在手，一个气候信托基金会应能在业界创造惊人变化。就连未得到补助的公司也会受到驱使，想出更有创意的办法来削减能源消耗量，因为它们会追求免费的资金援助。

私营的气候信托基金会也可以担任教育的角色。在精选提案被给予部分资助后，信托基金会可以和 MBA 课程合作，追踪计划执行及撰写个案研究。相信这能造就高能见度、创新、可复制、有记录可循而节省成本的减排监管实务，外加新一代的气候环保专家。

要稳定大气中的二氧化碳浓度，人为的碳排放量必须在本世纪结束前趋近于零。我们需要让企业从现在起养成减排的习惯，等碳交易成熟时，企业将"沉溺其中"、"无法自拔"。而让它们无法自拔的方法，便是先让它们尝尝可持续经营的甜头。

我们唯一需要确定的是，它们沉溺于好的实践，而非骗人的玩意儿。

第七章

绿色能源：解决气候变化问题的关键
（有时也是个骗局）

"我们是由尘土和星光混合而成的。"

——洛伦·艾斯利（《时间的穹》）

绿色能源（绿色植物通过光合作用将太阳能转化并储存于体内的化学能，下文简称为绿能）在许多方面都是延缓气候变化的魔法石。它包罗万象，从运输业、废弃物到水力和农业。如果我们要从社会层面着手解决气候问题，并从企业内部着手减少温室效应，我们必须创造可再生的能源。世界需要消耗能源来运作，而这个需求正无情地增加，就算彻底节能，我们仍将需要极大的动力（据美国能源资讯局 2008 年的预测，在正常情况下，到 2030 年世界能源需求将提升 50%）。通过洁净能源来解决能源问题，你就能解决气候问题，并且正如前文所讨论的，你也可以同时解决许多其他问题。

←——— **节能：承诺与挑战** ———→

有个滑稽但确切的事实：最便宜的能源供应来源显然不是"供应"，而是来自能源的"节约"，亦称能源效率，或艾默里·洛文斯所谓的"负瓦特"（节省一兆瓦电，指由于能效的提高，电厂可以少发一度电）。简单地说，通过高效能的灯泡、泵和马达、杰出的建筑设计以及优化的工业流程所省下的能源，能为其他需要的人提供更多的可用产能（available capacity）。因此，许多公用事业不必建新的火电站，可以（也的确能）先通过广泛运用节能技术来节省能源，支持企业的大型节能翻新工程，并促使居民减少耗电量。这是合力的——一项所谓"需求层面的管理计划"或许会花费几百万美元，但盖一座新的发电厂或许要花费数十亿美元。节省电力（创造负瓦特）所需要的每单位能源的费用远低于从燃料发电的费用。例如加州地区长年节能的费用约每千瓦时节约 2 ~ 3 美分，相当于洗碗机运转一个循环所需的能源。而要从新式核能发电（许多人视之为解决气候变化的途径）产生等量的电量，成本在 15 ~ 17 美分之间。事实上，制造负瓦特的成本仅为新火力、天然气和核能发电的 1/5。你明明可以通过节能，以同样价钱取得 5 倍的能源，为什么还要花钱制造昂贵的电力呢？省小钱而花大钱，是非常不符合财务上开源节流原则的行为。艾默里·洛文斯喜欢把节能比作在你的大楼或工厂里钻探石油，而非舍近求远，去地下或外海开钻。

可惜，正如我们所见，我们固然很容易以低廉成本获得某些效能，却很难做到我们必须完成的大幅节约。节能这条路上曲折多多，并且容易被居心叵测的人用来混淆视听。因此政策方向是确保成功不可或缺的要素。

主张延迟气候行动的人士正在推广一个称为"杰文斯悖论"（Jevons paradox）的概念：由于技术进步会提高能源使用效率，因此总资源消耗量或许会增加而非减少。乍看一下，杰文斯悖论似乎是简单的经济学，因为资源使用效率的提升意味着资源会变便宜（如果开你的新 Prius 去超市只要几分钱，你或许会更想开车、不想走路）。

2007 年加拿大帝国商业银行世界市场公司（CIBC World Markets）所作的一份研究常被用来作为杰文斯悖论的佐证。研究显示：随着商品的能源效率逐渐提升，美国消费者开的车越来越大、越来越耗油，也买了更多空调和冰箱。CIBC 的首席经济学家及策略家杰夫·鲁宾（Jeff Rubin）说："这或许看来有些违背常理，但能源效率提升确实会导致更多的商品被消费——而非减少。"鲁宾主张，顾客会用效率提高省下来的成本，购买更多、更耗能的东西。

这使能源分析师罗姆火冒三丈。他在博客中写道："首先，没有任何证据显示消费者会用节能所省下来的资源来购买更多、更耗能的用品和车辆。真实的情况是这些年来美国消费者较从前富裕得多，所以他们买了更多东西、更大的房子和车子——这是众所皆知的'财富效应'，与能源效率毫无关系。确实有'反弹效应'（rebound effect）这种东西：节油车每英里所降低的成本，理论上会增加人们开车的时间（虽然在数据研究中我们很难区分反弹效应与财富效应）。但反弹效应最多占 20%，也可能低到仅 10%。最能证明这篇研究大错特错的一个事实是：30 年来，虽然能源效率大幅提升，加州的每人耗电量始终保持不变。"

还有其他理由可怀疑杰文斯悖论的准确性。洛矶山研究中心的副总裁麦克（Mike）指出，研究显示，在某些市场，Prius 的驾驶者开车的时间比其他驾驶者少 40%。这与杰文斯悖论暗示的恰恰相反。为什么会这样呢？部分原因是 Prius 车款的仪表板会即时显示每加仑的里程数，驾驶者自然会受到它们的冲击。"这种意识也可能让他们变得浮夸。在动画片《南方公园》（*South Park*）某一集中，Prius 的驾驶者排放的不是烟雾（smog），而是'沾沾自喜'（smug）（流露出'沾沾自喜'（smug）的神色）。"Prius 驾驶者会开始注意他们开车的方式（因为当你对汽车内部进行豪华装饰时，你会发现每加仑行驶里程数暴跌），进而问自己为什么要开车。布莱洛斯基指出，2007 年 Prius 在美国市场的销售量比任一款美国产的越野车都多。

←—— 政府领导是关键 ——→

由于节能减排是件非常复杂的工作，不管是实践中遇到的难题还是对于成败的误解，我们显然需要有人领导我们解决这盘根错节的气候问题。我们不知道除了政府，还有谁能出面领导。好消息是，审慎的政府政策是有效的！麦克·布莱洛斯基就指出，伦敦的塞车费（congestion pricing，指对在车辆高峰期进入市中心的车辆收取的费用）就成功地将车辆行驶里程数减少了 20%。还有一项是利用自由市场的力量来规范硫排放的政府计划（最早实施的污染物"总额及贸易"计划之一）也获得了很大的成功，并且广获企业及政府的好评，让许多环保人士连在睡梦中也能详述他们的事迹。甚至在企业内，好的政策也能带来巨大收益。例如，英国石油集团（British Petroleum，BP）就制订了一个内部碳交易计划，给排放物制定价格——虽然没有真正的现金交易，但在各事业部门所建立的意识，便足以让其大幅减少温室气体排放。

当然，政府不是完美无瑕的，也不是唯一的解决者。政府也可能作出毁灭性的错误决策，祸及数代子孙。但我看不到还有哪条路可以走出气候危机——或者说，至少看不到有哪条路完全不需政府政策指引的。我完全相信，只要给予足够时间，让能源价格逐步攀升，市场一定会找到解决气候问题的办法，它们在汽车产业的贡献就是一个很好的例证。但是，就像我先前所说的，问题在于我们没时间等下去了。

与此同时，节能，尽管有种种奇迹般的前景，仍然不够。麦肯锡公司预估，只有当投资回报率达到 10% 的情况下，我们才能在未来 15 年将全球能源的需求减半，同时不会抑制经济增长。但即使是在梦想的蓝图之中，即使真能掌握每一次节能的机会，全球能源需求仍将持续攀升，甚至加速攀升。光是中国的能源需求——根据一份最新的研究报告显示：现在已比预期高出 2～4 倍——这将远远超过所有发达国家在《京都议定书》中承诺要减少的 1.16 亿吨碳排放量。因此，即使实现了我们的京都之约，我们距离解决气候问题仍有千里之遥。为满足内需，中国现在每 10 天就增设一个新的发电厂。结果，我们还是得增加新的能源供应。在某个时刻，我们必须改变生产电力的方式——我们必须为我们的发电厂"除碳"。

大卫与歌利亚（David and Goliath）：干净的新动力与肮脏的旧动力

要去除以碳为主的燃料很难。在阿斯彭滑雪公司，我们已经与我们的电力公司圣十字能源（Holy Cross Energy）一起努力两三年了。我们和圣十字一起寻找科罗拉多河边可用来兴建小型水力发电厂的地点，也和一家在附近进行山顶工程的风力开发公司走了很远的一段路。我们是这样考虑的：这些工程将给圣十字提供动力，也几乎等于直接供电给本公司。而就像所有大型工程，它们也有巨大的缺陷。当我们远赴科罗拉多一座高山的山脊勘测风力场时，风力开发公司在买涡轮机方面遇到麻烦，因为供货短缺，而且当时我们还不确定在那个地点，或说以那么小的规模开发风力是否合理。另一方面，我们考虑的水力发电计划也尚未获得联邦能源管理委员会的许可，这个审核过程可能长达数年。包工头有时不会回我们的电话。我们也探测了在附近一座水库加装水力涡轮机的情况。但那座水库里有梭子鱼，而这种非原生鱼类不被允许外流至科罗拉多的溪流及河川。"鱼栅"（fish screen）的造价可能高达百万美元，进而抹杀这项工程的投资回报率。在过渡时期，水库业主们提供"悬赏"，希望渔民能把梭子鱼通通钓走。祝他们好运！

阿斯彭滑雪公司曾认真考虑资助 6 项再生能源的工程，但只完成了其中 2 项，即 6 项中规模最小的 2 项。其中一项是对当时科罗拉多州西部最大的太阳能面板（147 千瓦，足以供应 20 户人家一整年的电力）的资助（一开始甚至不被法令允许。我们得请有关当局重新划分区域，它们帮忙了，但比计划延长了 6 个月），另一项是对丰雪微型水力发电厂的资助。

显然，要建设任何种类的供电厂都不容易。不过，用煤和天然气发电并不是新的方式，也不困难，而且有经验丰富又势力强大的重要利益相关人士的管理。这个产业确立已久，每一个环节都可获得稳定的政府开发补贴、可靠的投资人入股及已参与工程数十年、信誉卓著的承包商的支持。因此，我们不能责怪我们的电力公司组建科罗拉多东南部的柯曼奇三号火电站（Comanche 3）——它需要供电给顾客，而且那座发电厂是无论如何一定会建的。我们知道，例行公事本身就是有力的系统设定，而它的好处就是会运作得非常好。

与化石燃料发电厂比起来，太阳能产业的情况就不妙了。2008年年底，太阳能产业差点因为在国会败阵而倒地（至少就新工程而言）。它未能继续获得制造及投资的租税补贴——这堪称美国所有再生能源工程的经济命脉。与此同时，土地管理局也掀起一股骚乱：宣布同意太阳能在公有土地上的开发需要"进一步研究"。但这个提议很快就被革新派的议员（科罗拉多的马克·尤德尔（Mark Udall））推翻。就连发展顺利、日益茁壮的风力发电产业也还太年轻，其增加的产能仍无法满足涡轮的需求。

←——"绿化电力供应"计划很诱人 ——→

虽然要建造相当规模的干净发电厂很困难，所幸的是，我们有一道曙光：企业部门对绿能的兴趣日益增加。

过去 4 年，企业购买再生能源的盛况俨然成了一种军备竞赛。规模庞大、影响深远的企业是真的想要这种东西。首先，完全食品（Whole Foods）创下了企业史上最大的再生能源采购量，但没过多久便陆续被维尔度假中心（Vail Resorts）和威尔斯货运（Wells Fargo）超越。之后，强生公司（Johnson & Johnson）和美国空军（你没听错，就是美国空军！）的前任领导者再次迎头赶上，夺回王座。接着百事可乐（Pepsi）加入竞赛，且让所有对手望尘莫及。至 2008 年 4 月，英特尔（Inter）成为再生能源额度（Renewable Energy Credits，REC）的最大买家，在本书付梓之际，尚无其他企业能在可见的未来超越英特尔。

在企业购买绿能的事例中，一旦出现争食热潮，你就得问：是什么那么好吃？要回答这个问题，我们只需明白企业究竟在买什么。而通过研究再生能源额度这个诡异而疯狂的市场，有助于我们了解需要做些什么来鼓励更多绿能的生产。此外，就像翻开一块岩石一样，仔细观察 REC 产业将会揭露出一个不幸的事实：为了解决气候变化，我们做了许多不成熟的工作——我们迷惑于简单方便的答案，而忽略了真正确实有效的解决之道。

←——— 绿能是什么？ ———→

如果你想买"绿能"——亦即来自太阳能、风力、小型水力、生物燃料或地热等再生的电力——你不能直接把电源接往风力发电厂等地，因为这种电力连接的基础建设并不存在（风不会一直吹，所以直接连接的效果并不好）。

反之，要购买再生能源，一般是通过购买再生能源额度的方式。1 REC 代表每千度（megawatt-hour，1 000 度大致相当于一般美国家庭 1 个月的用电量）再生能源的环境属性。下面简单说明它的含义：

将取得电力的供电系统想成一座水库，而毕雷矿泉水（无碳的再生能源）和烂泥水（燃烧化石产生的肮脏能量）都会流进水库。即使是你负责注入毕雷矿泉水，当你拿杯子舀水来喝的时候，你喝到的也不会全是毕雷矿泉水。但在你的努力下，整座水库的确变得比较干净了。

因为人们想买绿能，却不可能喝到干净的水（意思是不可能直接供给住家或企业特定的电流），电力公司发明了一种商品叫 REC。购买 REC，你就能因使用干净电力而获得好评。代表 REC 的那张凭证上会说你"拥有"干净电力，就像说投资人"拥有"在期货市场买的猪肉一样。就其本身而言，REC 可视为直接购买再生电能的委托书。

REC 的收入有一部分会归于制造绿能的电力公司，其余则进入顾客的口袋。在某些案例中，REC 是以生产补贴的形式给再生电力的制造者提供财务支持。但正如我们将在后文看到的，情况并非如此。在某些案例中，REC 是事后购买的——电能已经被制造出来了（就像购买已经在去年吃掉的猪肉）。在这些情况下，REC 的销售便成了给生产者的恩惠，但并不会催生新的工程。

表面上，各企业似乎"切中要领"。它们似乎了解，要解决温室气体排放问题，绿化能源的供应是它们所能采取最根本的行动。企业购买 REC 的第二个理由（或许这才是主要动因）则是：这是一种既方便又便宜，又能表达主要品牌定位的方式。用营销经费来购买 REC 似乎是极具成效的做法。一家公司不必亲自参与需披荆斩棘的新能源工程就能自称："我们百分之百靠风力发电。"如此伟大的陈述自然能获得媒体的大肆报道。但事实证明，这种交易的本质非常微妙，甚至是骗人的。企业领导人恐怕不清楚他们究竟在买什么东西。

科罗拉多一家度假村的首席执行官在宣布将进行当时全美最大的

REC 采购案之后说道："这是选择问题，而非成本问题。我们认为采用多样化的燃料来源、降低公司对化石燃料的依赖是件好事。"但正如我们所见，REC 完全不代表多元化的燃料来源，也不会降低企业对化石燃料的依赖。电力仍来自原本那个地方，价格仍会随燃料价格而波动。

通过购买 REC，多数企业不是要求"补偿"它们的购电量，就是自称"购买风力能源"。这两种声明都有明显的错误：REC 代表干净的电，碳补偿则代表实际未排入大气的二氧化碳。

购买 REC 的企业不会得到干净的电，就像期货投资者不会有数吨猪肉送到家门口一样。企业误解 REC 是一个普遍现象（或者较不厚道地说，扭曲了购买 REC 的意义），但百事可乐是一个罕见的例外。根据美联社报道，百事可乐表示它"仍谨遵誓言，依照它所有美国制造厂的用电量购买足够的再生能源凭证"。这才是企业应该作出的合理陈述。

然而，买 REC 却不懂 REC 是什么（因此常做些毫无价值的投资）的公司，不见得是虚假或不诚实的。购买 REC 的首席执行官多半认为这是重要且有价值的行动，我在过去某段时间也曾这么认为。事实上，如果你想在今天购买绿能，REC 确实是最显而易见又唾手可得的方式。况且我们不应奢望每个企业都成为再生能源的专家，如果你要保卫企业声誉，适当的重视 REC 是关键之举。

←—— REC 是否毫无价值? ——→

到目前为止，大量购买 REC 的做法会打响或重新塑造企业名号已成为不争的事实，它们会得到环保团体、业界和政府的一致赞赏。正因如此，"百分之百"的声明才会那么重要——那是真正的声明，比 90% 有力得多。

当企业董事会决定购买 REC 时，一个众所周知却不愿面对的问题是：REC 并非全都一样。在之前，包括英特尔等企业所购买的多半是价值有限的 REC。我们一定要了解这里出了什么差错，因为干净的能源正是解决气候变化的重要选择。我们未来会如何，就只能看我们能否顺利区分有意义的行动和假冒的能源方案了。

当阿斯彭化学公司开始四处采购时，有人提供给我 1 000 度一美元左右的 REC。但当时制造 1 000 度干净能源的成本，风力大概要 45 美元，太阳能则更高。经济法则告诉我们，如果某样东西非常便宜，那么市场供给一定很大。有些 REC，我原本可能会买，但它们却快到期了。也就是说，一家已经运作数年的风力发电厂或许不会出售 REC；它们的 REC 很快就会失去价值，因为它们就要"到期"了，已经旧得连最基本的可受性标准都无法符合。这样的"期货"不仅毫无价值，或许根本了无意义。比方说，某些向我报价的 REC 是来自某锯木厂产生的电力，但该锯木厂运作一向正常——对它来说，REC 只是一笔额外的收入。其他 REC 或许来自诸如一个运行多年的小型水力发电工程等等一些无法驱动进步的工程。如果说购买这些 REC 就等于每年少让若干数量的车上路——企业常会做这种声明——是极其荒谬之事。

过去一两年来，许多新闻报道纷纷质疑 REC 的价值。在 2007 年 10 月 19 日《商业周刊》（*Business Week*）的《绿色的小谎》（*Little Green Lies*）一文中，本·埃尔金（Ben Elgin）写道：

问题来自 REC 的基本经济原理。从逻辑上来说，每千度 2 美元的额度——阿斯彭滑雪公司与其他许多企业都以这种价钱购得——不可能产生很大效果。风力开发商售电给电力公司时，每千度约为 51 美元。他们还会得到 20 美元的联邦所得税减免额，并且，如果有资本设备加速折旧的情形，也可获得最多 20 美元的补偿。就连许多肯定从 REC 获利的风力开发商都坦称：每千度赚 91 美元的发电业者不会为了那两块钱扩大生产。提供资金给新风力工程的柏克布朗

（Babcock & Brown）投资银行的美国风力开发部主任约翰·卡拉韦（John Calaway）曾说道："这种价钱，REC 对开发商的意义不大。原本不会建造的东西，就算有了 REC 也不会建造。"

兰迪·尤德尔在 2006 年 12 月 5 日一篇笔锋尖锐的网络文章中，赤裸裸地说明了 REC 的问题：

两年前，我们试着在科罗拉多打造一间"零能源"之家。我们在光电子能、太阳能热水器、超隔热墙壁、密闭管路空间及一座压缩锅炉上花了大约 35 000 美元。我们把每日的电费压低到 2 美元，耗电量压低到每年 1 000 度，电和天然气的排放物则降至每年 6 000 磅。

根据 REC 营销人员的说法，我们原本可以以每年 40 元（纯属举例）买到相同的环境利益。"把太阳能扔了吧，珍妮，我已经用 4 000 块买到一个世纪的生态补偿了。"

接下来，兰迪提到一家试图通过各销售点逐月购买 REC 来"绿化"的公司时说："如果你每个月花 15 美元就能达成绿化，这就不叫革命了。"

俄勒冈州波特兰全球生态安全咨询中心（Global Consulting Services at EcoSecurities）的常务董事马克·崔斯勒博士，是世界顶尖的 REC 和碳补偿专家。他曾于 2006 年若有所思地说："虽然 REC 的需求已经……与日俱增，我们大量买卖 REC 的结果，仍有可能不会促使业内人士兴建更多再生能源的设备。在今天的市场，是否新建风力场的问题通常和天然气的价格、下跌的技术价格和联邦税的鼓励密不可分，跟 REC 的销售量则没什么关系。"

与此同时，许多（但并非全部）和我说过话的 REC 业务员，都让我觉得有二手车业务员的感觉："奥登，我要怎么做才能让你买一部敞篷别克呢？以下是我会为你做的事……"销售廉价 REC 的中介不会告诉我 REC 从哪里来，也不会以书面形式回答一连串问题。在多数对话中，顾客总是先开高价——10 美元左右，谈到最后都降到 2 美元左右。REC 的价钱变得跟伊斯坦布尔的地毯价格一样——完全随机，随便你讨价还价。它们到底有什么价值呢？为了揭示 REC 业务员滑头的本质，我改写了一封我和某位卓越 REC 业务员之间的往返电子邮件，讨论他打算销售的 REC 的品质。

发件人：奥登·山德勒（ASchendler@ aspensnowmass. com）

收件者：REC 业界代表

主旨：REC

REC 业界代表：

你告诉我，你在销售 5 到 8 元的风力场 REC，帮助风力发电厂发展，真的是这样吗？你销售一两元的 REC，有可能帮助风力场发展吗？这种价钱跟开风力场的成本根本不成比例——一部涡轮机可是要价百万美元。你们是和哪些风力场合作此案呢？

你可以简洁地回答这些问题吗？

就新风力场事宜，你们是和谁进行协商的？

你卖给 X 公司的 REC，是从哪里取得的？

我们初次谈及 REC 时，你并未回答这个问题，而这就是我们并未与你们合作的原因。我想我也没有在电话中得到你的答复。REC 究竟从何而来？

你们目前是在采用远期价格（Forward Pricing）的定价模式吗？

你觉得购买 REC 可以怎么改善全球碳排放量的愿景呢？如果答案是 REC 能增进绿色能源发展的可能性，那你得给出其数学运算证明。如果一部涡轮机的造价是 150 万美元，REC 交易要如何促进其发展呢？

我想，REC 的经纪人只有对此作出更透明的解答，才能维系客户对你们的信赖。在年底 REC 到期前以优惠价格购买 REC，然后加价卖给 X 公司的顾客，这种做法不足以拯救地球。而身在环保社团的我们，有越来越多人对此深感忧虑。

谢谢

奥登

发件人：REC 业界代表

收件者：奥登·山德勒

主旨：REC

奥登，谢谢你继续与我们联系，我想若能与你当面谈话，我们或许会更有收获，因为我不认为简单的邮件往来能充分理清你问题的要旨。在你提出的明确问题之外，我也想说，你真的非常在乎能否推广有效的环境方案。我想让你知道，我也有同样的忧虑。说真的，我想我们有很多能彼此学习的地方。

我将在一月初上山。届时你会在那里吗？或许我们可以在那期间或之后碰个面？

衷心祝福你

REC 业界代表

发件人：奥登·山德勒（ASchendler@ aspensnowmass. com）

收件者：REC 业界代表

主旨：REC

REC 业界代表：

当前 REC 产业的问题就在于这些问题完全无法解答，连简答都不能。我真的需要清楚的"是"或"不是"，或其他类似简洁的回答，不要假设性的言论。例如，我就非常想找一个风力开发商聊聊，请他告诉我 REC 销售能如何促成工程的发展。那将能解答我很多疑惑。你可以帮我联系这样的人士吗？我不会参与维尔的活动，所以我热切期盼你能在信中回答我的问题。

感谢

奥登

发件人：REC 业界代表

收件者：奥登·山德勒

主旨：REC

奥登：

恕在下冒昧，我认为在不论及前因后果的情况下贸然回答你的问题，会有损于我们更远大的目标。如你敏锐观察所知，REC 这种工具是非常复杂的。我真的希望能有机会与你促膝长谈，分享我的见解，让你有充分的资料来评判我的意图或可信度。

如果有这个机会，我很乐意向你深入说明目前风力发电场的具体情况，看看 REC 可以造成什么差异（你至少已经在他人标榜的工程中见过 3 个例子了）。我们花了非常多的时间教育我们的客户和他们的员工、顾客、新闻媒体和社区，让他们明白这些重要的环保利益。

希望我们可以继续这样开诚布公地对话，因为我认为这对这个产业以及当前和未来的消费者而言，都是一大福音。

REC 业界代表

我的问题始终得不到解答。让我们对比一下这种含糊其词的信，下面是社区能源（Community Energy Inc.，CEI）埃里克·布兰克（Eric Blank）的回信。

奥登：

社区能源有 400 至 500 百万瓦（MW）的 REC 销售（北美地区一般价格大多在 10 美元/千度左右），这能使市值 6 亿美元的风力能源设备更具优势——这是不可思议的壮举。以这种量和价格来推广 REC 的做法，也已经吸引艾斯能电力公司（Exelon Generation Company）、PPL 能源（PPL Energy）、PECO 能源（PECO Energy）和联邦爱迪生公司（Commonwealth Edison）等大型电力公司进入风力发电的领域，成为风力发电的购买者。目前已有长久和清楚的记录显示：购买当地风力可直接促进大型风力能源的投资（如宾州就有 4

111

家风力涡轮发电机制造厂和 1 000 多份高薪工作由此获益）。

至于全国性的 REC（价格在 2 至 3 美元/千度左右），我个人倾向同意它们和新的风力场没有太密切的关系（因为价格太低，对新开发案无法产生实质影响）。不过，REC 仍有相当明确的价值：包括满足 RPS（Renewable Portfolio Standards，再生能源配比标准）、碳额度（carbon credits）、给予风力场的氮氧化物及硫氧化物排放允许额度等）的财产权。虽然碳额度未来价值与风力发电的关系纯属推测（其中的一个原因是，目前与碳排放量有关的规定仍不足以提供明确的价格），但这基本财产权是真实且有法律依据的。而且，真要说什么的话，随着二氧化碳的管制规定的日益明确，加上再生能源的国家法令已经开始生效，REC 的价值将越来越高……事实上，由于过去 6 个月来 CEI 的 REC 价格已逐步攀升，你或许可以以高于你当初在公开市场购买的价格卖出你的 REC。

希望以上能解决你的疑惑，也欢迎随时来电。

埃里克

最后，我们基于 3 个理由选择埃里克的公司：第一，科罗拉多州一个专攻绿能的环保团体已帮我们审核过社区能源了。第二，我们知道就算我们出的钱不会直接促成新的风力发电，但至少我们的钱会帮助到投身于建立新风力场的组织。第三，埃里克很诚实，也尽到他的本分，何况他是绿能领域的名人，有促进新风力发展的好名声。埃里克建议我们购买较高品质的 REC，但我们没有，因为那太贵了，而且我们对它不完全了解。我会在本章稍后将提到的企业只对便宜的 REC 感兴趣时讨论这个挑战。

尽管如此，我仍不禁怀疑：如果多数企业都在购买绿能额度，而绿能无论如何都会生产，所以市场上其实有大量的剩余额，那么我们真的有办法驱动变革吗？有没有更好的办法可以捍卫环境，例如直接资助风力发电，或者把钱花在游说上，或者研发用甲烷制造干净电力

的方式（甲烷是煤体排放的一种高效能的温室气体）？REC 只是我们
买来逃避 21 世纪环境审判的豁免权吗？

←—— 优质与劣质的 REC ——→

由非政府组织"干净的空气——凉爽的地球"在 2006 年所作的
一份独立报告指出，有些消费者被碳补偿和 REC 愚弄的理由很简单：
并非所有 REC 都一样。我们必须指出，市面上有优质的 REC，也有
劣质的 REC，两者有天壤之别。劣质的 REC 售价约两块钱，劣质的
REC 不会做任何事情来驱动新的再生能源发展。对于风力发电场、
小型水力发电厂或锯木厂（以及卖给你 REC 的顾客），你的捧场或
许是不错的红利，但这无助于改变大气中的二氧化碳量。你或许可用
"有名无实"来形容这种产品。

另一方面，优质的 REC 的确能促进新的再生能源发展。但它们
通常不便宜，使企业很难买到足以作出强烈声明、涵盖所有电力使用
的量。例如 2008 年阿斯彭滑雪公司与私立高中科罗拉多洛矶山中学
合作，在卡本代尔研发了 147 千瓦的太阳能。我们把这个计划的 REC
以每千度 170 美元左右的价格卖给 Xcel 能源公司 20 年。那是真正能
促使新太阳能在科罗拉多发展的价钱！如果你撤走这些 REC 销售，
我们的计划将宣告瓦解，因为投资回报率会变成负数，所以 Xcel 可
理所当然地说明它买的 REC 通过制造绿能而造就新的减排。

这种 REC 称为"前瞻性 REC"，而在我看来，这是唯一有意义
的 REC。前瞻性 REC 通常不便宜（以风力为例，要价在 8 美元以
上），而且几乎都需要签订长期合约，这是因为风力发电场等业者需
要这种承诺来安排其财务模式，就像太阳能发电场的情况。有两个组
织长期销售这种非常合理的前瞻性 REC：天然能源（Native Energy）
及社区能源。

REC 的拥护者主张，所有其背后的基本概念是，REC 销售可建

立一种驱动新风力发展的市场机制。沿这条路走下去，理论上，当越来越多人购买 REC，就会出现供不应求的情况，其价格就将水涨船高。一旦 REC 价格上扬，它便能促进新的再生电力的发展，因为人们希望有更多有利可图的 REC 可以销售。在某种程度上，这种事确实正在发生。有些 REC 卖主告诉我："低价 REC 的年代已经结束了。"

但有个问题逐渐显露。我相信有公司只想要便宜的 REC，拿它充当引人注目的品牌定位的工具。只要电费里有一小部分的 REC（1%~2%），公司便可大言不惭地说它购买的是百分之百的干净电力（就算这种声明很虚伪，如我们先前得知，那也是一般做法）。

然而，如果你把 REC 价格从 2 块钱拉高至 8 到 10 块钱（驱动新风力发展大致需要的价钱），突然间，购买 REC 就不再是营销部门眼中的便宜货了。那么从公关的角度来看，预算不足的你该怎么办？这是一种进退两难的困境：当公司购买 REC，它将涨至足以驱动新风力发展的价格，但一旦价格到达那个门槛，大型买主将转身离开。

当供需问题使所有 REC（不分优劣）上涨，它们对于新的再生能源的发展将越来越重要。但那或许无关紧要，不久之后，碳规范将大大促进再生能源的发展，效力远胜于任何一种 REC，并且还有额外利益：通过严格的减排标准规范这个市场。当这种情况出现，劣质的 REC 将从近乎无价值到完全无价值，而这整个过程将如同一场只是具有教育性的游戏罢了。

←—— 良好的能源政策 ——→

必须说明的是，我所提出的好的政府政策，例如多数议员支持的碳规范，并不包含强制"使用风力"或"驾驶 Prius"的命令。反之，有变通力的政策会迫使市场反应电力真正的价格（如碳税，指针对二氧化碳排放所征收的税），并借此传送信息，让民众和公司自行找出别具创意的方法。

偶尔我会在简报期间听到人说，给予再生能源补贴毫无必要，我们应让市场自行决定。我会问："好，那你想取消现存所有给煤和石油的补贴吗？"答案始终是"不想"，或一阵沉默。我们的市场并不自由，而好的规范所起的作用便是带来扭曲，例如管制从未真实反映污染、波斯湾军事冲突或道路维修等成本的石油价格。能反映石油实质成本的政策只要确保公平竞争，无需提供拙劣的补贴就能即刻刺激民众使用替代燃料。

在美国制定好的政策尤其重要，因为其他国家将会效仿。主张延迟对气候变化采取行动的人会问："既然中国和印度不会跟进，我们为什么还要做呢？"我们是在应付谁呢？在美国真的付诸实际行动之前，这些国家当然什么也不会做，因为我们一直是世界最大的能源消费者，我们一直依循类似的经济发展路线：使用便宜和肮脏的电力。我们做我们的，他们也会认为他们做他们的是应该的。但如果我们开始部署再生技术计划，他们的反应很可能会是："他们为什么知道我们不知道的事？"因此，全球政策的转变必须从美国开始。

←—— 混凝土与钢铁的解决之道 ——→

在欠缺政府领导的情况下，REC 的溃败是无可避免的，这也是我们这个时代的通病。丘吉尔曾说："世人可指望美国去做正确的事……但在他们用尽其所有选项后。"REC 和我们对企业绿色声誉的注重，似乎就在阐释这句话。我们正准备在用完其他替代方案之后，开始认真做保护气候的事。

兰迪·尤德尔也在一个网站发文道：

吹捧碳中和（carbon neutrality，指排放多少碳就足以抵消措施达到平衡，使二氧化碳总量为零），代表你不了解碳中和。气候变化与你无关，与营销无关，这不是王婆卖瓜，而是你根本没多少东西可以

115

自夸。在某种程度上，这只是歪理邪说，那些甚至与减少你的排放物无关。在沃尔玛和美国其他大型量贩店达到碳中和之前，天然食品超市（Whole Foods）不会是碳中和的，也就是说，在我们彻底改革我们依赖的所有基础能源建设之前，它不会是碳中和。这是未来二三十年的工作，或许是未来两三代人的工作。那不是营销策略、不是竞赛、不是室内游戏，也不是卑鄙的诡计。

不过，有一则好消息：再生能源的产业——绝大多数没有以REC销售作为诱因——正在茁壮成长中，中国就是很好的例子。非营利组织气候组织（Climate Group）的一份报告指出，尽管中国对肮脏煤电的依赖极深且与日俱增，它也是世界上数一数二的再生能源制造者，在创造干净技术方面也有超越发达国家之势。这固然令人振奋，说明市场已经注意到干净能源的价值，但这股趋势仍太过微弱，不足以解决气候变化问题，要解决它需要全国性的政策支持。

根据联合国环境规划署（UN Environment Program）《2008年可持续能源投资全球趋势》报告，金融市场2007年在再生能源及能源效率产业投资了创纪录的1 484亿美元，比2006年增长60%。相比之下，美国政府每年在再生能源及节能研发上仅投注数十亿美元——跟美国人每年花在万圣节的费用差不多。

其实，我们从REC瓦解一事得到的教训，与我们在本书其他部分学到的课程大同小异：我们必须睁大眼睛，实事求是地判断哪些重要，哪些不重要。阿斯彭滑雪公司已往新的方向寻找干净能源：一方面，我们与一家开发风力场的电力公司达成购电协议。如果我们同意在未来20年以固定补贴价格购买电力，该公司将安装4台新的涡轮机，我们也将从这些装置中获得电力。就像前瞻性的REC，这项协议为新工程打下了钢筋。与此同时，我们也在我们的4座山丘勘探小型水力发电厂，并为我们提供一部分的电力，如有剩余，还可卖给当地。我们在雪堆找到一座已在营运的小电厂，每年可制造市值15 000

美元的干净能源。这个方案在历史上早有先例：早在 1957 年，阿斯彭全都以小型水利系统营运，有些至今仍在运作，其他则在改建中。

想想这点：不久之前——不过是 1957 年的事情——像阿斯彭这样的地方已能凭借解决电力供应的难题打破可持续经营的魔咒。这是靠独创性完成的，但也要归功于辛苦的劳力工作、混凝土和钢铁，才创造出一个没有人能怀疑其价值的实际方案。

我们能再次做到吗？能——这看来是个合理而不能过于乐观的答案。

第八章

绿色建筑：简洁、美观并且至关重要

圣达菲一位名叫埃德·马兹利亚（Ed Mazria）的建筑师有理有据地说，房屋——或者更广义的建筑物——是全球近1/2温室气体排放的元凶，因此也是解决气候变化的关键。

美国有超过13 000万座建筑物，其中绝大部分仅是"维持生命"，就像加护病房里的重病患者。而且，房屋的暖气、冷气和电气化设备都需要耗费大量的能源。房屋消耗了全球1/4的木材、1/6的干净水源，以及2/5的原材料和能源。在美国，房屋占了电力消耗量的65%及原始能源使用量的36%；一般美国住户每年会制造26 000磅的温室气体，足以填满一架固定翼飞机。马兹利亚认为建筑物是"社会所生产的最长寿的实体加工品"。因此建筑物——包括新的和已有的——确实是解决气候危机的关键。

我们可以斩钉截铁地说，绿色建筑运动正蓬勃发展。绿色建筑贸易团体"美国绿色建筑协会"（U. S. Green Building Council，USGBC）的会员人数正成倍增加，短短几年便从 250 人增至 6 000 人，最近一次统计的会员人数更高达 17 000 人。各州以及西雅图、波特兰、盐湖城和丹佛等大城市也陆续让公共建筑采用 LEED（Leadership in Energy and Environment Design，能源及环境设计领袖）认证系统，多项联邦计划也逐步支持绿色建筑。此问题得到了联邦政府强有力的领导，企业的领导力也日益增强。

事实上，在过去 10 年里，建筑业发生了一件令人振奋的事。探讨这个问题的会议——过去是挂念珠、脚穿勃肯鞋的嬉皮人士谈情说爱的集会——已逐渐成为主流，进而鼓励企业的参与。过去 10 年，USGBC 已为此领域的专业化发展注入了活力。2007 年，USGBC 吸引了 2 000 多人参加它在芝加哥举行的会议，并且比尔·克林顿亲临致词。许多与会者穿着西装，空气中弥漫着"钞票的气息"。在此前的一次会议中，中国建设部（将负责世界未来 10 年内的许多建设工程）的部长赢得了盛赞（全场听众起立鼓掌），与会者有商品供应商、建筑师、建筑商、环境顾问、工程师、学者、医生和科学家。这些会议俨然变成了一辆满载着世人对绿色建筑热忱的高速列车。

尽管绿色建筑近来大受欢迎，也好处多多，例如它能提供更优质的建筑物，节约能源又美观，以及创造出更健康、更快乐、更高效率的工人，但是绿色建筑的起步仍慢得令人苦恼。

←—— 建造绿色建筑为什么那么难? ——→

不久前，科罗拉多公司（Colorado Company）的杂志上有一篇文章是以它的合作伙伴多拉多开发公司（Dorado Developments）为重点。这家公司的业务有一个与众不同的特点：除了绿色建筑，它什么都不信。这是一则非常特殊的报道。但问题来了：它为什么只能作为新闻报道？虽然绿色建筑的效益比比皆是，大宗市场的建筑产业仍对此问题视而不见。《建筑纪录》（*Architectural Record*）和《建筑文摘》（*Architectural Digest*）等建筑行业杂志呈现出的建筑物，大都不是绿色建筑。

我们很容易完全埋头于可持续经营的业务，而以为这是随处都在发生的事。我们会有"革命正在进行"的幻觉。其实，你只要原地左右张望一下，就知道事实并非如此。试着到美国任何主要城市的市郊买绿色房屋看看，祝你好运。无论在商业住宅或普通住宅中，绿色建筑仍是个稀有品，就像沙漠里的花朵一样。虽然有越来越多的大型开发商正在从事有名无实的绿色房屋建筑，但最后要达成真正的节能减排仍十分困难。何况，就连最优秀的绿色建筑商也常交出不尽如人意的成绩，甚至一败涂地。例如，知名的绿色建筑师威廉·麦克多诺为欧柏林学院设计的环境研究中心（Environmental Studies Center），那项工程因为无法达成设计师天花乱坠的宣传而臭名远扬。阿斯彭滑雪公司也好不到哪去，每当我们万事俱备，准备建设不同凡响的绿色建筑时，总是举步维艰。以最近的一个计划为例，由于沟通不良导致了一项工程的能源效率大打折扣，而我觉得自己好像在跟为我们服务的工程师和建筑师打仗。这是多么令人心痛的感觉啊！

在科罗拉多州的环保建筑群中，每个人都有惨遭滑铁卢的经历：有人用了比原先预估多 10 倍的能源；有个微型涡轮机没有预期那么省钱，就算重新正确安装后也一样，因为油价飙涨；有一间坐北朝南的社区大学在冬天仍需要重新安装空调。

等等！绿色建筑应该是通往乐土的途径，在那片乐土，为了众人的利益，我们会把好的设计方案与环境管理模式紧密结合起来。如果摩西是建筑师，他会从山上带着 10 块石板回来，上面写着谬误、掩饰，以及尽可能以最贵的方式（充足的启动资金）来制定符合规定的新对策。简单地说，一直困扰建筑业的问题是：绿色建筑为何这么难？

←——— 时间已经不多了 ———→

答案是，改变需要时间。而问题就在于——我在书中再三强调的——我们已经没有时间了。要将大气中的二氧化碳浓度保持在以前工业水准的 2 倍，我们一年必须减少 70 亿吨的二氧化碳排放量。建筑物是其中的一大部分，而我们必须尽快降低这庞大的碳排放量。事实上，如果我们想在未来 10 年大幅减排，就必须从现在做起，这就是为什么这项运动的缓慢成长如此令人担忧。

我们必须想办法加速推进环保工作，克服绿色建筑业发展的困难。绿色工作之所以推行缓慢，有相当多的原因（并经过深入研究）：预付成本高；所有新方法所衍生的问题及产生的文化抗拒；欠缺专业人才与技术；欠缺研究、资金和意识；世人认为品质或安全与可持续性经营不可兼得的思维误区；传统（耗能）建筑方法的根深蒂固；不完善的建筑法规；人们不肯承认错误等。

绿色建筑不能迅速成为主流，一个很重要的原因是这种建筑方法在世人眼中时常宛如密语，那种只有威廉·沙特纳（William Shatner）和海特—阿什伯里（Haight-Ashbury）嬉皮区的少数怪人会讲的世界语（Esperanto）。他们还告诉我"绿色黑手党"（Green Mafia，形容深谙这行规则且具政治手腕的人）一词，你一定没听过。

我碰到过许多人，包括建筑商甚至建筑师，他们坚信绿色建筑是复杂的，甚至不可理解的东西。实际上，它不是这样的。虽然它也不简单。但诚如一个朋友所说："商业领域中没有哪件事情是简单的。我们有什么好惊讶的?"不过，似乎没有人努力改变世人"绿色建筑理论说的是外国语言"的观念。

←——— USGBC 和 LEED ———→

但有个好消息，在大众心目中，绿色建筑的概念（就算不是实际做法）已越来越容易理解，甚至越来越"迷人"。对此，我们必须感谢 USGBC 的旗舰计划：LEED——用以评定建筑物环保绩效的认证计划。它为绿色建筑创造了前所未有的全国标准，它为新手提供了解、建造及认证绿色建筑物的方法。LEED 带领绿色建筑步入主流，自 2000 年以来，它对该运动的发展贡献卓著。在它的鼎力相助下，绿色建筑终于不会在建筑世界一个狭小、漆黑而激进的角落里化脓溃烂了。

在 LEED 之前，"绿色建筑"随人标榜，例如你只要禁烟就可以说你的餐厅是绿色的。有何不可呢？反正又没有统一标准。所以只要你敢自称，没有人会觉得不合理。LEED 改变了这种状况，以严格的评级系统和一张"绿化"的核对清单解决了世人长久以来对"何谓绿色建筑"的困惑。

USGBC 在推动 LEED 之后引起了好一阵骚动，也将绿色建筑的领域规范化、标准化，甚至得到奥普拉·温弗里（Oprah Winfrey）的公开推荐——这正是它需要的。同时，它也赢得了数千名建筑专家的热烈欢迎和积极参与。USGBC 在两方面居功至伟：它解决了"绿色建筑是由什么构成"的复杂问题，也将答案扩至能源之外的水效能、选址问题、资源效率，以及室内环境品质等。认清传统建筑方法是死脑筋的真相后，6 万多名设计专家接受训练而获得"LEED 认证"。一夜之间，LEED 成为举足轻重的全球品牌，它好比运动鞋界的耐克（NIKE）或个人电脑业的戴尔（DELL）。现在，如果你的名片上没印有"LEED 专业认证"，那你应该快混不下去了。同样重要的是，LEED 也有助于减少恼人的"绿色瘟疫"（漂绿行为）。

LEED 一经推出便引起了人们高昂的热情，使得它几乎与"绿色"画上等号。意思是说，如果想盖绿色建筑，你必须先认识LEED。问题是，LEED 非但不等同于绿色建筑，有时还是完成绿色事业的绊脚石。LEED 固然重要，但也是不完美而复杂的。

因为我们一谈绿色建筑就一定要讲 LEED，也因为我从该计划之初便已参与，现在请允许我同你分享一些经验体会。

←── LEED：是工具，也是障碍 ──→

在 2005 年，LEED 已掌握绿色建筑的生杀大权，其影响力在今天甚至更为强大。这样一来，计划的成效便更为重要。虽然该计划考虑得比较周全，创办后亦不断精益求精，但当下 LEED 仍面临 3 项重大的挑战。虽说有些问题是所有认证计划的通病，但由于绿色建筑对地球的未来实在太重要了，这些问题仍值得讨论，且一定要予以改正。

首先，要获得认证比登天还难（成本高、工作复杂又乏味），所以达到标准的建筑不多。其次，LEED 对能源的叙述仍不够深刻（虽然这点已进步神速）。最后，LEED 本质上是一种认证制度，但常被视为绿色建筑的指导原则。

←── 物以稀为贵 ──→

尽管 LEED 极受欢迎，但出人意料的是，获得认证的建筑物少之又少。要得到 LEED 标准认证，设计师须核对一份清单来判定建筑物是否顺利降低了以下 5 个类别的冲击：厂址规划、能源消耗、用水量、室内环境质量，以及建筑原料。如果符合必要的条件、在总分 69 分中拿到 26 分，你的建筑物方可获得"LEED 认证"。

一栋建筑物在竣工时，开发商会送交文件给 USGBC，由第三方的评估人员来判定能否给予银、金或白金评价的认证。要达到 LEED 白金认证很难：全世界只有 53 栋商业大楼获得了白金认证。事实上，要得到建筑认证就很难了。该计划于 2000 年开始实行，7 年间只有 1 753 栋（位于新商业区）的建筑获得认证；至 2008 年 9 月，申请但未通过认证的建筑共有 14 390 栋。相比较而言，光是美国就有 13 000

万栋的大楼，这个数字显得微不足道。

2005 年我和兰迪·尤德尔合写的一篇论文指出，这个数字不足以产生变化。根据亲身参与建筑物认证（包括世界上前 11 栋 LEED 建筑之一）的经验，我们提出以下批评：这个计划要价太高，计划不够详细、难以实行、且非常官僚化。我们听到很多建筑商说"不用了，谢谢"，因为认证成本实在太高，或者他们更愿意把额外的钱花在太阳能面板等绿能措施上。我们不能让这种事情发生，我们需要旗舰式的建筑来协助传播绿色建筑的信息，并且越多越好。

USGBC 已表现出诚意来解决这些疑虑，在这几年里 LEED 认证程序越来越简化。但它也为 LEED 辩护说，该计划无意成为掠夺大宗市场的制度，它的宗旨是只为最好的建筑物盖章。那么，为什么不开始用类似国税局查税的程序来大量认证建筑物呢？身为企业高级主管，我可以告诉你，如果我们盖了 10 栋 LEED 建筑，而 USGBC 决定只抽查其中 2 栋，我们每一栋都会以同样的标准建造。敷衍了事——面临被逮到的风险——会严重损害公司的名誉，我们绝对不愿背负这样的风险，其他公司也不会。

LEED 的拥护者义正言辞地说，LEED 的目标一直是成为行业指明灯，而非世界性的法规；领导计划和认证机制一向是从小方面开始着手。奥运会只有极少数人能赢得金牌，但这些金牌得主却可以驱动一代人的变革，就像兰斯·阿姆斯特朗（Lance Armstrong）在美国引发了在公路上骑自行车的热潮。不需要人人都成为兰斯，但一个兰斯就可协助我们改变世界。

LEED 评级的排他性正是它的第二个缺点。这样，你不必花太多心力在节能上，便可以依据 LEED 的高标准认证一栋建筑。这个问题非常严重，如果只有少数建筑物能得到 LEED 的认可，那它应该真的具有某种特别的意义，就像荣誉勋章一样。

←—— 能源才是一切 ——→

威拉·凯瑟（Willa Cather）会说："过程才是一切。"她的意思是，以禅宗的观念来看，人生有意义的是旅程，而非目的地。在绿色建筑领域，你或许可以说："能源才是一切。"

不幸的是，直到最近，许多 LEED 建筑都未能在唯一真正重要的战线——能源战线上交出好成绩。早在 2004 年就有人担心这个问题：E-source 公司的杰·斯坦（Jay Stein）和雷切尔·巴克利（Rachel Buckley）认为，一栋建筑获得 LEED 认证，并不代表它比一般建筑好或坏。

我之所以知道 LEED 建筑不十分在乎能源的事情，是因为阿斯彭滑雪公司就建了这么一栋。阿斯彭山的 Sundeck 餐厅是美国前 10 栋 LEED 建筑之一，也是世界前 11 栋中的一栋，身为 LEED 1.0 的参与者，我们凭借经验协助推出了 LEED 2.0。但在兴建 Sundeck 餐厅时，我们很晚才加入到工程中，因此未能重新设计效率最高的建筑外壳和空调系统。因为我们可以从很多地方拿到分数，不必特别针对能源方面，最后还是获得了认证。这次认证带给我们非常大的可信度，也得到媒体的大力报道（这是我们应得的，因为我们在各种不费力的工作上做得很好，包括完全解构、废物利用等，这项工程也成为地区的模范）。但你得问这个问题：如果气候变化是我们这个时代的问题，如果最重要的应对之道是通过提升能源使用效率，那么一栋几乎完全没有采用节能措施的建筑怎能称作绿色建筑呢？

乔（Joe）是一位拥有一大堆认证（理学学士、工程硕士、博士，还有工程执照）、非常聪明、英勇好斗又幽默善辩的工程师，专门研究建筑物的缺陷。身为国际知名的权威建筑设计师，他曾说："盖你的房子，看看水电账单，跟旧建筑比一比，如果没有减少，那就不要胡说。"他说到重点了。

这个问题最后俨然成为一种漂绿的形式。2005 年 10 月 19 日，《华尔街日报》（*Wall Street Journal*）在它"市场"专刊的封面做了一篇以哈德逊街 30 号的高盛（Goldman Sachs）摩天大楼为主题的相关报道。这栋建筑仅达到最低标准的 LEED 认证，在节能与再生能源的分数恰恰为零，一分也没有！虽然风风光光地得到认证，也被置于《华尔街日报》的醒目位置，但哈德逊街 30 号根本不能算是绿色建筑。

然而，更具讽刺的是，当初设立 LEED 的用意就是要（在某种程度上）避免漂绿！理论上，在后 LEED 时代，没有人可以凭借采取次要措施（如用回收物建造浴厕）而声称其为绿色建筑。这就是 LEED 认证为什么一定要有意义的原因。USGBC 同意这点，也于 2007 年提高节能的底线：任何新的 LEED 商业建筑都必须超过积极能源法案规定的 14% 以上，更进一步的能源标准则已在准备。这是好的开端，14% 也是相当严谨的数字，超越了原本已经相当严格的法规；另外，LEED 也像洗碗机或电脑一样考量了"处理量"的问题，相当于提高了门槛。但只要稍微读一下埃德·马兹利亚的文章或是最新的气候科学报告，你便明白这仍不够（因此马兹利亚展开自己的计划"建筑 2030"，推进更积极的节能目标以及最终的碳平衡）。

建筑物有时会在 LEED 量表里取得高分，但能源方面却表现不佳，其中的一个原因是，这项计划是绿色建筑的评估标准，而非建设指南。

⟵ 那是测试，不是指南 ⟶

当我在纽约史蒂文森高中读书的时候，念书是为了考试，也考得很好。如果你在每年的州学力测验中拿不到 95 分，别人会担心你说不定有认知问题，或是耳朵被蜡封住了。虽然我的考试成绩真的很好——我深谙考试技巧——但我在高中学到的，似乎也只有怎么应付考试而已。LEED 也衍生出了同样的问题：建筑商是为应对 LEED 的标准而进行设计，而非为了设计绿色建筑。

这种不可避免的结果——不是 USGBC 的错——正是我所说的"卖分数"。设计师和建筑商会从他们怎么能用最低的成本拿到高分这个方面着手，而不会联手打造一栋全面环保的建筑。比如说，假设你可以通过改善暖气系统的效率拿到一分，这需要付出很大的代价。而安装自行车停放架和设置通勤者淋浴间也可得到一分，那么你可能会选择后者，虽然前者对环保的贡献远大于后者。USGBC 可拟订一份绿色建筑计划来改善这个问题（稍候讨论），而另一个已经在一定程度上开始运用的办法，则是规定某些关键分数（如节能）为认证的必要条件。

我有位同事刚去参加了一场为期一天、标榜为"绿色建筑入门"的研讨会。我希望它会详尽讨论如何打造绿色建筑、举出可行与不可行的例子、我们该怎么做才能成功、什么叫商业大楼的"好墙壁"……但那场研讨会辜负了我的期望——它花了 8 小时讨论 LEED。

为 LEED 考试而念书俨然成为一种不良风气，而阿斯彭滑雪公司同样难辞其咎。在最近一项工程中，首席工程师告诉工程经理要达成 LEED 在能源方面的"黄金"标准得花太多钱，因此许多进步的节能措施被搁置了。无可否认，那时我们时间紧迫，工程也已超出了预算。但那场讨论掩饰了一个根本的误解：LEED 不是一项能源标准，它只是评分标准。事实上，讨论中的大楼也许能在 LEED 上获得非常好的成绩，或许可以达到黄金标准，但如果我们在过程中忽略了最重要的能源效率，那也是没有实际意义的。天啊！这表示现在我正在用最少的节能措施为另一栋 ASC 建筑申请 LEED 认证，这可是我发誓绝对不会做的事。要解释这何以在一个"我很了解"的行业发生，需要去酒吧谈上好几个小时。这是我的错，而阻碍我们的是沟通、金钱和人为因素。但这次失败更说明了要成功打造绿色建筑有多困难，以及解决气候变化的挑战有多艰巨。

无论如何，我们需要 LEED。就像任何规模庞大又复杂的计划，它本身也有问题，但要建立毫无缺点并能完全杜绝投机的认证制度是不可能的事情。LEED 已经启发了一代人，而随着它茁壮成长、精益求精，它还会启迪更多的人。况且，负责运作 LEED 的人士都很聪明，并且都急于改善计划。该组织的总裁里克·费德里齐（Rick Fedrizzi）具有接受别人批评的开阔心胸，也有人类（更别说是大型官僚组织的领导人）少有的、随机应变的处事能力。他彰显了本·富兰克林（Ben Franklin）的格言："批评是我们的朋友，因为它让我们看见自己的错误。"我替 LEED 背书，我自己也用，并推荐给大家，批评它只是为了让它更加进步。

所以，使用 LEED，好好享受它，并博得认证的好名声吧，只是千万不要忘记能源效率的事。

◆—— 模拟仿生学、力求简单 ——▶

人们会产生"绿色建筑是某种密语"的观念，LEED 不是唯一的因素。绿色建筑领域已出现了一个制造混乱的恼人流派，名为"仿生学"（Biomimicry）——建筑物应仿照自然系统。该派别主张，大自然已经被研究了数百万年之久，所以为什么不善加利用呢？如果我们能明白蜘蛛是怎么在室温下造出比钢铁还坚韧的丝，或蛤蜊是怎么在海温下制造陶器一样的壳，我们就能战胜一些重大的能源挑战及建筑障碍。

但这有个问题：建筑物既非蛤蜊，也非蜘蛛。首先，建筑物不会移动，也不会吃虫子。正如环境顾问、《工业生态期刊》（*Journal of Industrial Ecology*）编辑迈克·布朗（Mike Brown）指出，仿生学似乎会将原本简单明了的目标（避免使用有毒物体、努力做到封闭回路、减少能源消耗等等）变复杂——凡事都得请顾问说明该如何模仿自然。因此，这只会把绿色建筑关进象牙塔。但绿色建筑尽管难以落实，也不是属于象牙塔的东西。多数时候你只需要非常基本的设备：朝阳方位及热质量，设备外壳的效能（包括超隔热及紧密性），节能、环保、大小适当的保暖系统等等。而你并不需要环境顾问、生物学家或生物学博士。

仿生学、LEED（设计指南而非认证凭证）都告知我们该怎么打造一栋节能的建筑。在阿斯彭，我们正在使用厚质的隔热材料、填充氪气的窗户（在双层窗户之间填充氪气以加强隔热效果的窗户）和高效能的保暖系统来建造全新而财力上又负担得起的组合屋。轰的一声——完成了。正如专案经理马克·沃格勒（Mark Vogler）跟我说的："瞧，奥登，根本没那么复杂嘛！"确实如此，一旦理解了（就像马克那样），绿色建筑就简单多了。只是对于多数承包商来说，它还是全新的东西罢了。

←—— 父亲，原谅我，我出不起那笔钱 ——→

就像可持续经营产业的每一样事物，建筑过程的障碍不是技术。那么是什么呢？答案往往是和金钱有关。

下面的案例即说明了可能出现在环保拥护者与承包商之间的紧张情况，它常发生在建筑不是还在设计中，就是已经完成设计准备兴建的时候。这时环保拥护者会说："听着，我知道你的预算已经确定了。但只要现在多出10%，用更好的冷暖气设备、更高级的窗户，并改造一些能提高效率的小细节，这栋建筑在未来50~100年（或者更久）的生命周期里，只需使用现在一半（或1/3，或1/5）的能源。而且这笔投资，不到10年就能回本了！"这段话字里行间透露的信息是："你不懂我在说什么吗？那很明显耶！你们这些呆子为什么不做生命周期分析呢？"

但承包商会说："我了解这些好处。请你原谅，但我不是笨蛋。

我了解生命周期分析，但我的预算就是不能调。我没有多余的钱，一毛也没有。你想要我做什么呢？我就是出不起那笔钱。"

绿色设计师会言词恳切地说，你在一栋建筑雏形时所作的决定和所花的金钱，会影响它一辈子。但如果你没有钱，你就是没有钱。

哈佛大学已经想出了一个解决预付成本的问题的办法。哈佛大学设备及后勤服务集团的副总裁汤姆·沃特林（Tom Vautrin）明白，由于预付成本，哈佛始终没有安装品质最好、能长期节能的设备。他也明白这纯粹是经济问题：使用寿命长的建筑物就该采用最好、最节能的设备。因此，沃特林设立了循环借贷基金。比方说，工程经理若想以节能效率 96% 的锅炉取代效率 86% 的锅炉，就可以在工程期间借用这笔基金，之后再拿省下来的钱归还。今天，这笔基金仍在哈佛运作。除了确实使建筑物尽善尽美外，它还有以下附加价值：每用一次，都在保护环境。在现实世界中，就连汤姆这种简单、切实可行的计划都可能碰壁。许多公司最大的障碍是管理阶层拒绝承认省钱这件事，例如新的节能标准其实可以降低你的预算。目前已有环保供应商会提供"绩效保证合约"，公司不必花一毛钱就能做效能更新，再拿省下来的钱付款。但就算如此，仍有客户质疑这是否真能省钱，就像尼尔那样，蠢啊！

预付成本还通过一个名为"价值工程"（Value Engineering）的程序来"彰显自我"。价值工程代表建筑设计所有问题的总和（艾默里·洛文斯说，这不会增加价值，也不算是工程），它是一种削减成本的方法，在建筑设计得到最终许可之前进行。它的宗旨是参考最初成本来排除一些事物或降低原料或系统的等级，完全不考虑长期效益。

在阿斯彭高地的一项建筑计划中，我们通过"价值工程"舍弃了一栋大楼的几扇窗户，因为财力无法负担。当我们的员工进驻该大楼时，又热又闷，根本没办法工作。于是第二年我们重新在空墙里安装窗户，而造价是原始安装成本的 3 倍。

尽管事后补安窗户的成本高出许多，但如果你想要窗户，那是唯一可能实现的方式！讽刺的是，如果我们回头重来一遍，我们仍别无选择，仍会采取当初的做法。因为我们没那笔钱！不过平心而论，此后我们已有所转变。如果我把同一件案子呈给我们今天的财务部长麦特·琼斯，他会帮我们筹到钱的！

其实，不该多花点钱盖绿色建筑的想法荒谬极了。绿色建筑仍算是新的事物，因此与例行事务势必有天壤之别。从你背离标准做法的那一刻起，你就要花时间构思新的程序——要开会，要找顾问，要找产品供应商。从第一次绿化会议开始（而且绝不会只有一场），你就已经在增加成本了。另外，建造绿色建筑本来就是在建造比较好的事物。那自然比较贵，一定如此。但那是值得的，我们总有一天会明白的。

←———— 零耗能住宅? ————→

在阿斯彭，最醒目的奢华消费的象征是优胜之家（Trophy Home），这座城市有 150 栋面积超过 10 000 平方公尺的豪华别墅，优胜之家是其中之一。2008 年夏天，《丹佛邮报》（*Denver Post*）报道阿斯彭的度假屋都是贪食能源的猪——"雪茄保湿室和酒窖呼呼作响的马达以及 24 小时忽明忽灭的泛光灯"。那篇报道概述了阿斯彭一家非营利组织斯普里格斯基金会（Sopris Foundation）所作的一份研究，该组织发现："有暖气的车道、户外热水池和 24 小时监视系统，每一幢阿斯彭度假别墅耗用的电力都比一整条街的普通美国住户加起来还多……因此，这座城镇的住户所排放的温室气体，大部分是来自这些有钱人的奢侈的第二个家，虽然许多度假别墅一年仅几个星期有人居住。"根据这份研究，这些度假别墅的碳排放量比阿斯彭终年有人居住的住户还多。《丹佛邮报》总结道："尽管每个度假山庄都存在着这种能源使用不成比例的问题，阿斯彭的情况最为糟糕，在这里，炫耀性消费是地位的象征。"

位于卡本代尔，离阿斯彭不远的电力系统公司（In Power Systems）的安森·佛格尔（Anson Fogel）已成立了一家旨在减少优胜之家的能源消耗的公司。他是一位"不得不创业"的企业家，他有着一头红发、头脑聪明、眼神明亮、声音低沉（仿佛来自屋里其他地方），身形瘦小却有运动员坚韧不拔的体魄——他确实是个运动好手。他这样的人才正是一家打电话问我怎么做环保的物业管理公司所需要的。

针对优胜之家的能源消耗情况，安森有一套削减能源的方案。他说，就新屋而言，你要尽一切所能增进外壳的效能（好的墙壁和屋顶隔热效果、好的窗户和密闭度等等）。然后你要用"地热交换"（Geoexchange）系统来提供冷暖空调：利用地面冬暖夏凉的特质。这个系统也称作地热热泵。你要确定照明、电器和调节系统都是最先进的。你要用太阳能来取得你需要的高温水，然后你可以根据需要增加太阳能发电来产生不同结果：零耗能住宅，安森自己就住在其中的一栋里。

当然，尽管安森已将自己的住宅打造成零耗能的，要说服他人一起效尤却是另一回儿事。在一项工程的设计阶段之初（最佳着手时机），他分别与建筑师（当然是顶尖事务所的建筑师）、机械工程师、景观建筑师，以及阿斯彭一位计划建造面积 20 000 平方尺的"第二个家"的屋主碰面交谈。

安森谈到接下来发生的事情——那位屋主会想削减 5% 的能源消耗吗？或者 10%，或者 100%？

屋主斩钉截铁地说："我想做到 100%。这是正确的事情，我想大胆一试。"

程序的第一步是算出一栋建筑将耗用多少能源，因为那决定了在你尽可能调节一切之后，必须安装多少昂贵的太阳能。所以安森打电话给工程师："你是用能源 10 号（Energy 10）软体做能源规划的吗？"

"能源 10 号是什么？不要，这个规划不在预算内。我们根本不知如何规划。"

于是安森求助于建筑师，希望找到完成规划的资金。建筑师和屋主洽谈，他们说："这太复杂了。我们有办法获得这个系统的原本信息吗？我们已经付给工程师 25 000 美元了，我们预算里没有这笔钱。你可以为我们做些简单明了的分析吗？"

尽管觉得不妥，安森还是以 1 000 美元（如同慈善服务）作为成本进行了分析，指出光是使用最好的锅炉和最先进的控制装置，假定能源价格上涨的话，这栋建筑 30 年的能源成本将达 1 000 万美元。

为解决这种能源消耗的问题，安森提供了三种选择。他说，使用好的建筑物外壳、高性能的锅炉及控制装置固然不错，若能安装地热交换系统就更好了，这只需增加 30 万美元的工程成本（总成本保守估计约 1 000 万美元），这可减少一半的能源消耗量。最好的方法是在现场安装 175 千瓦的太阳能设备来减轻其余的能源消耗。

工程师说："地热交换没用。"

不再对零耗能感到兴奋的屋主说："好，我们不要游泳池。"

设计团队说："没有空间安装那些太阳能面板，没人想要看到那些东西。"

于是安森和景观建筑师碰面，请他发挥创意看看能把太阳能面板放在哪里——可以放到屋顶上或庭院里，庭院里的东西、鸟的戏水盆等都可以利用。最后，他们终于找到足够的空间来安装 75 千瓦的太阳能面板——虽然离他们需要的空间还有段差距，但已经算是不错的结果了。当建筑师和县里的有环保许可的团体碰面，一起审查计划时，太阳能甚至还不在备忘录上。但这个主题还是不知为什么被提出了，而审查委员说，"祝你们好运。我们绝对不会让你们建那种东西的。不管怎么说，未来一定会有更好、更容易、更有效的办法，只是现在还看不到而已，你们应该耐心等待。"

安森回去和团队开会。"我们要怎样完成这件事？"团队几乎异口同声地说："别在意了，那太复杂了。屋主已经决定搁置节能方案了，让我们忘记这件事吧。"而他们确实这样做了。

在"验尸"的时候，安森指出难以克服的三个障碍。第一是媒体（加上布什政府推波助澜）一直在宣扬科技日新月异的变化，声称我们只要等，便会有新东西发明出来，以更便捷、更简单的（低成本的）方式解决我们的问题（罗姆所说的"技术的圈套"）。这样一来，人们便可将无为而治合理化了。第一号物证是布什政府致力于研发氢并将其作为运输燃料，但这种技术距离成为主流还有 20 年（如果真的会发生的话）。就像安森所说的，那种技术已经在发展，价格也已经在下降……而到头来，照射地球表面的阳光，每平方尺只能提供一百瓦的能源，所以不管太阳能面板的效率有多高（目前将阳光转换成电的效能约在 14% ~ 18% 之间），它们仍然需要一些空间。

第二个障碍是，许可程序通常会让像安森提出的这种新颖或有创意的计划胎死腹中。各县的有环保许可的团体绝不想支持任何有损美观的东西；另外，他们的工作量太大，没时间回答没听说过的问题。

随后，安森总结道："事实是没有人真的想做任何事。"他认为：例行事务会支配一切。这多少有点言过其实，因为安森的谋生之道就是和真正想做些什么、且为此莫名兴奋的人合作。但如何撼动主流观念仍是艰巨的挑战。

第三个障碍还是回到成本上，这对人们来说绝对不会太低。成本永远是一道障碍。安森描述有位披着长发的嬉皮士骑着一部市价8 000美元的登山自行车到咖啡厅找他，问他如果要让家里零耗能，得花多少钱。答案是35 000 美元，而其中20 000 是可退还的。"哦，那太贵了！""才不呢，那几乎不用钱！"安森心想，"他们必须把价钱压下来。"但他们已经把价钱压下来了。况且以那部自行车的价格，那位嬉皮士已经能做一半了。

←—— 黑暗中的曙光 ——→

尽管安森未能顺利改造一些优胜之家（但非全部——他还是完成了许多成功的案例，目前也有工程在进行中），但这期间发生了一件有趣的事。接受零耗能的概念且加以落实的不是非常富裕的人家，而是居住在阿斯彭"谷底"地区的中产阶级，他们常常为此投入一笔相较于其财富而言颇为庞大的资金，为什么中产阶级会远比富裕人家感兴趣呢？

安森回答："因为这在各方面都比较容易：管理、美学、工程（规模较小）、邻里街坊的认同，而且屋主也没那么忙。他们更可能觉得，零耗能让他们看起来更聪明、更酷、更有责任感。"也或许是因为他们真正居住在他们试图改建的房子里。何况，对中产阶级的屋主来说，高耗能产生的电费可不是每月预算的九牛一毛。

与此同时，第二个家一向被此群体视为庞大的负担。这些房屋一年之中大部分时间是空着的，使已在危急之秋的住房问题更趋严重，因为它们占用了某些当地人或许可以居住的空间（虽然阿斯彭的平均房价为 500 万美元，因此少有工薪阶层住得起那里）。大房子即便空无一人也会耗用能源。它们创造了就业机会，却让工人无处栖身。事实上，这些豪宅光是矗立在那边，就足以让住房问题更难解决。

但通过阿斯彭零耗能的优胜之家可以看出，我们的机会来了。如果你拥有一栋不使用能源的住宅，它一定是靠太阳能面板发电的房屋。当配备太阳能面板的房屋空无一人的时候，它并非毫无用处的：它可以提供干净的能源给当地的电力公司，成为城市的绿能来源，这就叫"分布式发电厂"（distributed power plant）。

←—— 亚当·帕默：壕沟里的另一个视野 ——→

要了解绿色建筑面临的挑战，我们必须以比安森更敏锐的眼光来深入探究，我们必须知道常年承包绿色工程的承包商怎么说。亚当·帕默（Adam Palmer）便是这么一号人物。他在科罗拉多鹰县推行绿色建筑工程，也是绿色建筑的忠实信徒。他以超级环保的方式建造了自家住宅，实现了绿色愿景。30多岁时，亚当在维尔度假中心担任环境协调员已多年，也在那段期间组队参加"横越美国大赛"（Race Across America），骑自行车环绕美国一周。他爱开玩笑，常若无其事、不动声色地在你浑然不觉的状态下讲出俏皮话，但他从不自命清高。

说到建筑商在现实世界面临的阻碍，亚当可列出一长串。因为他是技艺高超的绿色建筑"怪人"，更是真正的壕沟战士，所以我在这里将详尽引用他的话。

"首先，让我们假设约翰·格林想要盖一栋绿色建筑，也已经做好研究，买了地、找好了建筑师和空调系统工程师、设计好了很棒的隔热良好的向阳住宅，大体都做对了。然后他前去聘请一位总承包商。这些家伙都是牛头犬，挖壕沟的，是其领域经验丰富的专家。很多人告诉我他们觉得绿色建筑很棒，会完成屋主想要的一切，但真正展开作业后，我的经验是他们会极力说服你放弃你想要的一切，回归传统工程。最后工程师和建筑师都成了他们的笑柄！"

格林先生："我们的地基想要用 ICF。"

承包商先生："那种东西是垃圾，一言难尽，反正会失效就是了，最好不要用。地基这里不必做隔热，那里温暖得很。"

格林先生："我们想用飞灰的混凝土来做抗冻地基。"

承包商先生："什么?"（吐口水）

格林先生："我们的外墙想用 SIP。"

　　承包商先生："那太贵了，订购时间又太久了。万一出错……再说电工不会喜欢这种东西，钢架结构就已经够好了。隔热系数超过R-19的东西都没那个价值。"

　　格林先生："我们想要太阳能热水系统。"

　　承包商先生："我认识一个家伙安装了那种系统，结果不到几年就都坏了，一文不值。那只是在浪费钱，而你会变成白痴。还不如把那笔钱捐给山峦协会。"

　　格林先生："我们想要防冻系统。"

　　承包商先生："那东西是你根本不需要的狗屎，我们从没安装过那种东西。"

　　格林先生："请回收工地的木材，如果你们喝酒了，也请回收啤酒罐。"

　　承包商先生："好，没问题。每个人都同意这点。"

　　"事情就这样开始。承包商总是能打败想要绿化的屋主，因为任何建筑商都比屋主清楚数量与规模。屋主不知该做什么，因为他不是专家。"

　　"在我看来，承包商才是方程式中的最大项，对于绿色建筑的执行握有最强的掌控力（胜过法规和设计审核委员会 DRB 那群纳粹）。"

　　"我算什么，可以和他们争辩？他们是这个领域的专家，他们知道自己在干什么。于是你就被说服，半途而废了。一开始的绿色建筑变成维持现状的建筑，如果你够幸运，或许平台会用一点 Trex（一种回收的塑胶仿木制品）。"

　　"承包商几乎毫无动因去建造不同于当下工程的建筑。他们不住在这些屋子，也不会帮你出暖气费。他们靠做他们的工作赚钱，他们也做得很好，而任何改变或威胁到现况的事物都会平添很大程度的不确定和疑虑。嘿，盖房子是很难的事，得跟性情暴躁的屋主打交道，他想要在圣诞节前看到饰有石灰华（travertine）的木板柜台和循环的泳池系统，还要面对 DRB、法令的狂热分子、不合标准或永远找不到的转包商，以及气候变化引起的混乱天气形态。"

"教育屋主是一大关键，但难就难在我们已习惯购买铬合金套件，而不注意其内部构造。就像法兰克·格里（Frank Gehry）这类的明星建筑师盖纪念馆般的宅邸就是为了维护他们或者屋主的自尊。就算你真的在乎，当你搬进去时，窗上也没有标签告诉你每加仑的里程数。当我和人们讨论隔热系数、热质量、锅炉效率和空气渗透性的时候，他们一脸茫然、眼神呆滞。如果过度简化，就会像《今日美国》（USA Today）那些蹩脚的圆饼统计图，说你只要通过调节自动调温器、检查暖炉是否运作正常，就可以拯救地球。我必须承认，我们固然可以在自家里热情洋溢地做些环保的好东西，但当我开车经过一家盖得不环保却价格合理（有这个可能吗?）的住宅时，我会觉得如果能放一点东西进去就不错了，并且不至于对房屋造成损害。"

"这就是整体社区的绿色建筑法规能产生效用、制造双赢的地方。只要提高标准，让它成为必要条件即可。然后承包商会知道怎样按规定盖房子，知道可能发生什么事，以及怎么去做。屋主会得到通过认证的绿色建筑，有较好的室内空气质量，也可以在不必花什么预付款的情况下省钱。社区和环境都会获益于原材料品质的提升和排放量的降低。建筑师也会开心，因为法规仍给予他们足够的创新和创意空间，让他们能想出最新潮的节能设计而获得所有畅销杂志的报道，即使在现实世界中他们的设计奇烂无比。"

哇！亚当这席话道尽新建筑事业的黑暗面。但它指出了广泛标准——规范——的必要性，这能造就公平竞争，让执著于绿色事业的人成为管理者而非离经叛道的怪胎。改变建筑法令就是我们应对气候变化的最好的办法之一。

←—— **翻修祖母的房子** ——→

　　新建筑只是建筑业挑战的一部分——房屋改建业也有其黑暗面，还记得马兹利亚说的话吗？如果我们希望对气候变化的祈祷应验，我们必须整修现有的房屋。全美有数百万栋房子跟我即将介绍的这栋一样，是依照站不住脚的能源效率标准建造的贪食猪。既然知道问题所在，动手解决就是了！然而，确决这个问题也没那么容易。就像大卫·罗伯兹（David Roberts）在 Grist. org 网站上指出："以现在的技术，我们知道怎么让新建筑成为干净能源制造者，也知道怎么整修现有房屋，将其耗能降低一半以上，甚至90%或95%。但是我们需要有人付这笔钱。"罗伯兹表示此类改建的投资有三大特征：一、预付款资本密集（劳力成本高）；二、回本速度慢且金额不大；三、最后一定能省钱。但事实上，多数投资人仍因前两项特征而裹足不前。

　　《环保建筑新闻》（*Environmental Building*）2007 年 7 月报道，如果不计商业建筑的话，美国共有 1. 24 亿座住宅。这些住宅使用了美国 21% 的能源，消耗了 36% 的总电力，以上的碳排放量共 3 亿 3 千吨。我们也必须整修这些建筑！

　　我们需要外界提供资金来启动企业的节能方案，整修旧建筑也一样，因此罗伯兹指出，整件工作显然是政府必须担起的责任。"这类投资的金融机制是一种保证经济效益、且一定会得到政治支持的公共政策——有百利而无一害。"

　　阿斯彭滑雪公司正需要这种机制。地球或许正在变暖，但我工作的地方，我们的柜台却冷得要命。整个冬天，在楼下的财务部门，几间办公室和小隔间里的每一个人，至少都开着一部低效能的电暖器。我甚至看过财务部长戴着无指手套打字。为什么？因为我们办公大楼的暖气系统运作不良，至少在楼下是如此（大楼其他地方则太热）。在一个房间，暖气要整整连开一个月——还是在夏天。

这个情况或许听来相当麻烦，也许你会觉得我不该再发牢骚。但这不是什么无关痛痒的事。这栋大楼——容纳着我们性情乖戾、冷酷的会计，我们过分热情的营销团队，还有对着敞开的大门、暖气一直开放（这不是她的错）的接待柜台的芭比——正是气候战争的"爆心投影点"（ground zero）。我们的未来就取决于整修像这样的建筑了。

问题在于它太困难了。比方说，在阿斯彭滑雪公司的办公大楼这里，我们已经"着手进行"了。我们试着修理"这头 30 岁的猪"，至今已经有 4 个年头了。而我们已经发现整修所需的成本，不管用哪种理性的财务标准来看，都是非常惊人的，且几乎没有投资回报率可言的。造成这困难局面的原因太多了。工程师对何谓"正确的改建"意见不一，每个人都有不同的见解。谁是对的呢？一看到标价，像我这样的经理就会倾向于仅同意其中几个应急方案，而非更完整的改建工程。同时，一些紧急问题诸如更换破裂的水管和修理漏水的屋顶的工程或许会跟我们抢经费。于是，我们发现自己举步维艰，只好明年再试，而不是花 25 万～50 万美元让大家开心并节省些许（不怎么多的）能源。

我们可是一家有明确的环保目标的公司，拥有（如果可以王婆卖瓜，自卖自夸的话）足以将我们推上可持续经营运动最前线的纪录。但我们却连整修我们 250 栋大楼的其中一栋都成问题，那么世界——以固定"惯例"模式运转的世界——要怎么迎接这个巨大的挑战呢？

简单地说，没有全国性补助计划，这件事永远无法成功——我们永远无法克服现有建筑的挑战，因此也解决不了气候的问题。我们之所以需要这么一个计划——把政府、非营利组织和基金会的资金拼凑起来，称之"振兴建筑计划"之类的——是因为目前只有道德最崇高、行事最积极的个人和公司在付出心力，而绝大多数的屋主仍袖手旁观。我们需要一个计划来为改建工程支付部分经费，注入资金让其投资回报率可被接受，或至少让改建的代价没那么令人望而却步。

这个计划必须尽快出炉——刻不容缓。科学家表示我们有 10 年的时间来更换所有欠缺效能、糟蹋气候的基础建设（所指的建筑包括我们的建筑以及你目前所在的建筑）。说得更实际一些，我担心如果我们再不赶快做点什么，我们的财务部恐怕将人去楼空了。

其实，进步的政府和基金会已经在朝这个方向前进了。感谢肯德尔基金会（Kendall Foundation，一个将应对气候变化视为圣战的杰出组织）的资助和领导，麻州剑桥已展开一项计划资助诸如此类的建筑节能工程。加州柏克莱也贷款给屋主安装太阳能面板。屋主通过增加一部分几乎被人察觉不出的财产税（分 20 年还款），因此城市也从中获益了。

←—— 抗拒改变是地方病 ——→

5 年前，阿斯彭滑雪公司开始在丰雪山庄设计一些新型的豪华住宅。这些分户出售的大楼位于海拔 8 000 尺的地方，因此空调应该不是必备装置。但在头几次与设计团队的会议中，这些大楼将安装"全天气温调控系统"的事态越来越明朗。我难以置信，我们为什么要在海拔这么高的洛矶山脉里装空调？这里的气温鲜少令人不适，而我们明明可以设计出不需空调就能提供同样舒适度的建筑物啊？

"我们明白，"工程经理说，"但在高档市场里，如果没有气温调控系统，商品根本卖不出去。"从能源的立场来看，这显然是一步死棋，空调是非常耗能源的。

如果我们打算克服气候危机的挑战，我们必须以一种更稀有的资源——智慧，来取代能源。事实上，就丰雪住宅大楼的案例而言，我们做到了。设计团队的一位成员在仔细衡量这个问题后，注意到大楼不远处有一面湖泊（其实是 3 级污水处理池）。为何不用相对温暖的湖水作为吸热装置，在冬天提供暖气，在夏天提供凉风呢？他提出的机械系统叫"池水热力泵"（pond-source heat pump），而它的运作原理就跟你家的地下室一样。因为地面温度终年都在华氏 57（14 摄氏度），所以你家的地下室会有冬暖夏凉的感觉。池水也有类似的恒温现象。而不管是以池水或以地面为来源，热力泵都不是新的技术：它已经存在近一个世纪了。这种系统一般都能立刻将一栋建筑里的能源消耗量减半。

最后，我们用这种系统设计出圣殿般的住宅大楼，让食品级的丙烯乙二醇（propylene glycol）在池里的一组线圈中循环。

我们在启用这个系统后，碰到了许多问题。工程经理过来找我，像往常那样抱怨："瞧，我们试了新的东西，然后碰到一大堆问题……"但你去问任何一位工程经理，他前一次按照惯例进行的工程，一开始的运作是否就完美无瑕。答案都是："当然不是。"那么绿色建筑为什么该套用比较高的标准呢？因为它是绿色（环保）的。

在该系统正式启用后，它的运作跟传统系统一样顺畅。事实上，我们也在附近一座高尔夫俱乐部安装了同样的系统，并赢得 LEED 的银质奖。但这两个系统仍处于严密监控中。

改变为什么这么难？每当我问人们为什么要以某种特定的方式做某件事，而得到"因为我们一直都是那样做"的答复，我的直接反应总是："好蠢的答案。"但组织里的老人以他们那套方法做事是有理由的，而这也说明了改变为什么会这么难：维持现状是可以运作的，而改变有时是不便的，麻烦的，甚至是错误的。你必须明白这点，才可能予以克服。

←── 寻找善男信女 ──→

所以，我们该怎么办？

简单地说——领导力与才干。身为屋主，你必须认清最重要的事情——节能——并坚持下去，不为争取体面的 LEED 评级，而为大量的能源绩效。当工程师说："做 50% 的节能太贵了，要不就做 20% 的吧？"我们太容易叹口气，回说："好吧。"这样是不行的。套句丘吉尔的话，你必须"绝不放弃，绝不、绝不、绝不、绝不"。而如果你失败了，不要告诉世界你的绿色等级，请谈谈你为什么失败，怎样失败的。没错，那会令人惊慌而难堪，甚至或许会损害你的事业。但其实不会。聊聊你的错误将能展现你的诚实与光明磊落，对于更远大的志向有益无害。

与此同时，你必须有合适的人与你共事。没错，在津巴布韦有一幢名为东门（Eastgate）的知名建筑，外形像仙人掌，也会自行遮阴及散热。但该建筑能够成功不是因为它长得像北美巨型仙人掌，会像白蚁那样呼吸，后者使那位经理不必多费唇舌便能说服人们以不同的方式行动、计划和工作。它能成功是因为屋主坚持高效能，还有它的建筑师米克·皮尔斯（Mick Pearce，目前正在墨尔本施展他的魔法）是个建筑天才。而这正是麻烦所在：成功的绿色建筑需要有合格的绿色工程师、建筑师和建筑商，以及有高度节能意识的屋主。但因为有这些经验、才干和领导能力的人供不应求，很有可能出现以下情况：

聘请一位曾经与你合作过的、你也颇为欣赏，但没有绿色建筑经验的一般建筑师。

聘请一般的机械工程师，找一家瞻前顾后、过度开发设计太阳能辅助空调系统的公司。

然后任意修改这已注定失败的过程，不是做些小变动，就是花更多钱聘请一位绿顾问（具有让屋主得以托付神圣的品质）。

做了些许变动，但未能完成有别于一般建筑的东西，只是盖出一座符合规范的建筑，就像许多获得 LEED 认证的新大楼。在"价值工程"阶段舍弃大部分先进的东西。自称"绿色"工程，实则平凡无奇。

宣布胜利，但非常明显，你其实一败涂地。更糟的是，你不愿意面对你的错误，活在深怕错误被发现的恐惧中。

总之一句话，我们必须找到让绿色建筑更可行的办法。一位营建经理曾经问我："要盖绿色建筑必须经历怎样的过程？"（他的第一个问题是：绿色建筑是什么？）我本来应该可以给他一页 A4 纸大小、简明扼要的说明，但我手边没有。每位工程经理都必须能简明扼要又清楚地叙述这个过程。

从屋主的观点出发，绿色建筑该这样进行：

聘请技术娴熟、完全投入这个理念的建筑师、工程师和承包商。他们不见得要明白什么是绿色的，但必须明白他们是为你工作，明白你付钱给他们是要建造一栋合乎预算的绿色建筑。

提供一张"路线图"，详尽描述绿色建筑物营建的过程和目标（后文将深入探讨路线图的部分）。

确定一位专案负责人，最好是牛头犬型的人物来督促大家。并且整个过程都要保持警戒。

竣工之后，和大家分享你的成功，但也要分享不可避免的缺失和漏洞。可以举行讨论会，或通过写书、杂志撰文及上网发帖等其他媒介发表心得。

让你的下一栋建筑比这栋更好。

即使你做到以上种种，但是让彼此不认识、不一定有同样使命感的转包商齐聚一堂，仍是我们逃避不了的问题。如兰迪·尤德尔所言："倘若滑雪业这行的运作方式跟建筑业一样，你得和除雪工人签约来清理坡道，得每天早上到街上雇用滑雪巡逻员，营销工作或许要外包给印度等等。然而，你们却从上到下都整合了。那绿色建筑到底是怎么回事呢？"艾默里·洛文斯也说，如果汽车业像建筑业那样经营，早就不知道倒闭多久了。

←—— 前方的路 ——→

我们还可以采取其他一些步骤向前迈进。第一个步骤是改变绿色建筑的讨论会，让它们确有其用。现在，这些会议只是聚集了一批顾问、建筑师、规划师、建筑商和工程师，他们企图通过展示他们的计划来得到工作。所有与会人士都有避免承认错误的动机。你可以想象有建筑师站起来说："天啊，我们把这栋建筑搞砸了。请听我一五一十道来。"会议筹办方应该邀请愿意深入建筑过程核心问题的演说者到会，在过程中揭露他们的错误，并告诉人们如何避免。简单地说，我们需要诚实的讨论，而不是强势推销。

再来，我们必须把焦点放在承包商的能力和干劲上。如果团队成员心不甘情不愿，或者技术不够高明，你是盖不出绿色建筑的。但是，我们却常常这样硬干。对包括阿斯彭公司在内的多数公司而言，也不例外，要舍弃通过验证的从业已久的一般建筑师，而聘用不是初出茅庐就是事务所不在本州的绿色设计师，是很难的一件事。说句公道话，绿色设计师可能同时代表了危机和潜在成本。你选择某位建筑师（我们阿斯彭也是一样）是因为你认识他，因为你们一起划过船，或是因为你欠他人情，这就是现实。但你不能既要用才能平庸或不学无术的建筑师和工程师，又希望绿色环保设计程序能造就货真价实的绿色建筑，那不会发生的。但我们也发现，如果你用了了解绿色环保设计的建筑师，你已经成功一半；如果你同时聘用了了解也在乎能源效率的机械工程师，一切就搞定了。

第三，我们必须聚焦于改变规范，特别是节能规定。许多先进的城市都这么做了。阿斯彭和克雷斯特德比特是科罗拉多州的两个例子。修订商业及住宅法规对环境的贡献远胜于零星建造绿色建筑数百年。将 LEED 的影响力和聚光灯转移到正式法规之上，是促成我们迫切需要的宏观变革的一个方式。

我们也需要投资执行方案。《环保建筑新闻》的艾力克斯·威尔森（Alex Wilson）建议，基于问题的严重性，美国需要一支"环境服务部队"（Environmental Service Corps），类似罗斯福总统的新政的公共资源保护队（New Deal Civilian Conservation Corps）和肯尼迪总统的和平部队（Peace Corps）。根据威尔森的说法，这支部队能"要求男女投入两年时间替国家服务，特别是在高中或大学毕业后——他们可落实各式各样的计划，来协助我们的国家降低气候变暖的危害，同时应对气候变化所造成的各种变化。"威尔森的构想不仅仅限于有关建筑物的工作，更涉及生态复育工程及造林等重大计划。他的想法对极了！这会是一只气候尖兵部队，通过做一些我刚从大学毕业时所做的令人生厌的工作（能源技术员），为他们的孩子保护地球。这样的投资会不会太高？

我认为，任何代价都是合理的。斯坦福大学气候科学家史蒂芬·施奈德（Stephen Schneider）指出，对于冷战——一个发生概率低但后果严重（美苏核战争）的问题，我们砸下了天文数字的金钱。但面对气候变化这个百分之百会发生（事实上是已经发生）而后果同样不堪设想且不可避免的问题，我们却纹丝不动。而我们纹丝不动是因为领导人告诉我们那对经济的伤害太大了。但诚如哈佛大学约翰·霍德伦（John Holdren）所言，我们从未因为代价太高而耽误到反恐战争。

最后，我们必须想办法让绿色建筑更为大众所接受。

LEED 就是这样的尝试，但它有变成密语、与原意背道而驰的倾向。既然 LEED 是一种认证制度——而非路线图——我们最妥当的做法便是忽视 LEED，直到盖好建筑为止。一旦大楼竣工，我们可以看看我们有些什么，然后必定能通过认证。这种做法可让我们秉持诚信，避免被认证制度牵着鼻子走。美国绿色建筑协会认可的"LEED 建筑工序"（LEED Construction Process）就比较好了，那是一本绿色建筑的手册，从地面规划到屋顶板都有详细介绍绿色建筑物营建的目标和过程。

←—— 狭隘的绿色思想——十诫 ——→

坦率、直接、嗓门儿奇大的杰克虽出生在伊利诺伊州且在达特默斯念大学，却是典型的仗义执言的缅因州人。或许我们就是需要——极度坦率而狭隘的绿色建筑"十诫"——来完善我们的整合程序、仿生学和 LEED 的生命周期分析。

1. 除非你有意志坚定的屋主、充分的时间以及优秀的工程经理，否则不要碰绿色建筑。

2. 强调才干：聘用你所能找到的最优秀的工程师、最坚定的建筑师，以及深信不疑的建筑公司。

3. 找最好的检测员：绝不妥协，不容任何借口。

4. "压榨"顾问（让环境顾问实事求是地给出建议）。

5. 在完工前，别去管"水果沙拉"（认证）——用它来检验你做得如何。

6. 别忘了转包商——他们才是地面部队。

7. 把注意力集中在节能，而非竹质地板上。

8. 别爱上再生能源或稀奇古怪的环保产品，仿生学也留到明天再说。今天，只要把该做的做对就好。

9. 加超强隔热、填隙、坐北朝南。

10. 当个偏执狂：要做性能验证。

还有第 11 项，意思跟性能验证一样，至少就房屋建造来说：如果你可以靠做爱来提供温暖，那就好极了。

←—— 绿色建筑的"生根发芽" ——→

尽管在通往全面实施绿色建筑法案的道路上有那么多障碍和陷

阱，绿色建筑仍慢慢"生根发芽"，即便是在最疲惫、最传统的承包商之间也是如此。就算你仍无法在一般的市郊买到绿色住宅，但看到绿色的种子在现有环境中开出各式各样的花朵，说不兴奋绝对是骗人的！

我曾在自己的绿色建筑事业陷入低潮时瞥见一道亮光——绿色运动确实在建筑业兴起了。2007 年 11 月，阿斯彭滑雪公司一群工程经理即将完成"假日之家"（阿斯彭一个可容纳 60 个床位的客房计划）的改建工作。这项工程的特别之处在于我们是让一家颓废的老旅舍焕然一新，且成为绿色建筑的典范。更棒的是，本人掌管的可持续发展部，除了替一个将在完工后安装的太阳能系统寻觅财源外，其余的工作完全与该工程无关，这就是绿色伦理已在全公司广为蔓延的指标。

在马克·沃基尔和比尔·波伊德（Bill Boyd）接下工程前，这栋建筑仅有 20% 符合当地能源规范。在他们往墙里及屋顶吹入高隔热泡沫塑料、安装隔热效果为传统窗户 4 倍的氮气窗、翻修暖气系统并置入节能设备及热水器之后，新建筑高出能源规范的 20%——相当于提升了 100 个百分点的能源效率。

这么说并不夸张，像这样整修老建筑的工程将是我们这个时代最具体的拯救气候方案，就像开辟农场是 19 世纪 50 年代的美国人的工作，或打败希特勒是 20 世纪"最伟大一代人"的使命。太阳能及其他再生能源技术、电气节能和碳税都会在政策、政府及大企业的范围里发生。但所有美国人或多或少都必须投入整修住宅的工作，并且用自己的双手，同时自己出部分费用。

就在完工前不久，一个凉爽、晴朗的 11 月的夜晚，"假日之家"失火，烧得精光。

因为这个工程已经投资了那么多金钱与人力，于是我写了封电子邮件慰问数位工程经理。以下是阿斯彭计划副总裁大卫·柯宾给我的回信：

　　谢谢你的关心和慰问。看到大楼在我们付出那么多心血后付之东流，真是令人心寒。重新展开大楼的审核程序，更是叫人悲不可抑。但我们会从头来过的。

　　你知道这件事后应该会很高兴，昨天晚上打电话给工地的转包商，其中有两三个那种大刺儿头的建筑商，他们真的彼此在私底下聊天说，很难过看到那栋建筑失火，因为那是他们参与的第一栋真正的绿色建筑，而他们觉得那是很酷的东西。绿色建筑的伦理标准已慢慢蔓延到整个建筑业了。人生真是有趣啊！

第九章

营销的重要性

"会讲故事的人将统治社会。"

——柏拉图（Plato）

气候战争是我们这个时代的关键问题。就连长期否认这个问题（或者承认有此问题但认为没有采取行动的必要）的乔治·布什，都开始改变立场了。他终于在 2007 年的国情咨文演说中提到"气候变化"一词，并在卸任前一年针对这个主题举行了高峰会（无任何成果）。澳大利亚（除美国之外唯一未签署《京都议定书》的主要西方国家）总理于 2007 年戏剧性地且极为难堪地下台了，一大主因就是他的气候立场。而其他多年来阻碍环保活动、极力混淆视听的厉害的"嫌疑犯"，如埃克森美孚首席执行官雷克斯·蒂尔斯顿（Rex Tileston）也都改变言辞了，蒂尔斯顿最近宣布中止该公司长久以来的否定言论。

然而，正当媒体对气候变化及绿色运动的狂热达到高潮时，一家公司的一位营销人员找上我，问了一个问题："我知道全球变暖正在加速进行，但接下来会发生什么事？明年会发生什么大事？"我哑口无言。气候变化可不像 80 年代的迷彩服，它不是会消退的潮流。然而，尽管有惊人的科学证据和媒体风暴，气候变化仍不在世人的雷达侦测范围，仍不是作家比尔·麦吉本所说的"燃眉之急"。这是为什么？

当你回你老婆位于俄克拉荷马的娘家吃晚餐，当话题转向气候变化时，可能都会有父辈的人说："那个科学不是有点问题吗？"如我们在第二章所讲，完全没有任何问题。"共识"或许不是什么好词，因为那暗示着一群自由派人士躲在小房间里图谋不轨，因此不如这样想：世界各地成千上万说着不同语言、有着不同意识形态的科学家，却全都得出同样的结论——地球正在变暖，而起因是人类。人为造成的变暖却是事实，俄国派往格陵兰的冰核钻井员与美国派往南极的冰核钻井员都得出同样的结论。

根据《琼斯妈妈》（*Mother Jones*）杂志 2005 年的一篇报道（后来得到埃克森美孚本身的证实），"该公司至少资助过 40 个企图暗中诋毁主流科研结果，或者与一小群一直持'怀疑'论点的科学家有过密切交往的组织"。在智囊团之外，埃克森美孚也资助 TechcentralStation. com（提供"新闻、分析、研究与评论"的网站，2003 年收了埃克森美孚 95 000 美元）等新闻机构、一位福克斯新闻网（FoxNew. com）的专栏作家，甚至宗教及民权团体。2000—2003 年，这些组织总共收了 800 多万美元。而这不过是冰山一角，长年资助误导性活动的可不只有埃克森美孚，还有其他许许多多的煤业及石油业者。

戈尔的气候保护联盟（Alliance for Climate Protection）未来 3 年将花 3 亿美元进行一项旨在让美国人起身应对气候变化的推广运动。何必呢？他不是应该致力于降低二氧化碳排放量吗？

　　环保非常重要，因为事实越来越明显：气候变化或许本质上就是一个公关和营销问题。诚如戈尔所了解，若不进行庞大的营销宣传，我们将无法凝聚社会力量来对气候变化采取类似于第二次世界大战那样大规模的行动。阿斯彭滑雪公司也有同样的结论：营销也是我们重要的手段。

　　我们的社会必须经历文化变革。此变革必须发动富有号召力和影响力的民众，也就是我们的客户。为加快变革的脚步，我们发动了一项着眼于气候变化的广告宣传活动，名为"挽救雪花的生命"（Save Snow），广告上有一座白雪皑皑、美不胜收的山中盆地，上头有一片雪花正在融化。广告文案是这样的：

雪：死亡证明书

全名：雪

别称：雪花、雪片、白雪、冰雪等

死亡年龄：永恒

外观：白色、冰冷

病史：自工业时代开端时就已患病

致死事件：环境污染、对气候变化的公然漠视

嫌犯：人类

死因：无知、冷漠

　　阿斯彭/丰雪度假中心上一季的降雪量差点创新高。请上www. savesnow. org 参与我们的救雪运动。

　　这则广告的重点可分为许多层面来说。第一，就纯广告的立场，它的目标是凸显阿斯彭滑雪公司的不同。所有滑雪度假村的广告，以及所有有关滑雪的文章，看起来都如出一辙：一名穿着体面的滑雪者在蔚蓝的晴空下漂过数尺白雪。任何有别于此的东西都会引人注目。第二，我们想要通过建立一个教育性的网站来启发滑雪者。这个网站上有世界级滑雪和雪板高手的见解，以及聚焦于政治行动的气候信

息，它指引网友写信给他们的议员，为驱动政策革新贡献一份力量。最后，这项宣传活动试着面对及改变这个悲惨的现实：气候政策之所以陷入停滞，部分原因是持反面意见的社团"太会营销了"（例如埃克森美孚的运作）。

阿斯彭滑雪公司的广告企图以毒攻毒，投入营销经费来解决这个问题，如果成功，对经济和气候都有益处。光靠自己埋头苦干是不够的，你必须拖别人下水，把话传递出去。

但这种宣传会产生一个弊端：从你着手做这类事情，或更露骨地谈论你的环保工作的那一秒起，你就难以逃脱被指控为"环保诈欺分子"或"伪君子"（即俗称之"漂绿"）的命运了。

<h2>←—— 漂绿对环境有益 ——→</h2>

漂绿不好的地方在于它欺世盗名。但如果我们要用尽权谋、想方设法地拯救地球，那么漂绿对于环境本身或许没有那么坏，道德就暂且撇一边了。

根据"Word Spy"这个专门解释新字词的网站，漂绿的意思是"实行象征性有益环境的做法，以遮掩或转移世人对已有的损害环境行为的批判。"但漂绿也是公然欺骗。把砍伐木材计划定名为"健康的森林"，这是漂绿。把一项遭到环保团体严厉谴责的降低污染方案称作"晴朗的天空"，这也是漂绿。一家汽车制造商一方面反对更严格的省油标准，却又在《纽约时报》全版广告中誓言减少温室气体排放，这还是漂绿。

阿斯彭滑雪公司很早就认定，要宣扬我们的环保工作并驱动业界内外的革新，唯一的方法便是通过文章、公关和媒体大力宣传我们的成果，完全不要担心被指责为漂绿。

以往在公开谈论阿斯彭滑雪公司的环境计划时，我常会描述我们风力发电的马戏团（Cirque）升降机。我会告诉听众，为那部升降机购买的再生能源每年可减少 3 万磅的二氧化碳排放量（最主要的温室气体）。另外，它也是全国第一部以再生能源为动力的升降机。

听众常会为此成就喝彩。但接着我会告诉他们，他们被漂绿了。

我会说的第二件事情是，马戏团升降机使用的电力仅占我们总电力的 0.00454%。它只是我们再生动力计划的第一步，我们打算将风力发电采购量（向非 REC 来源购买）提升至 2% 或 6%，如果一切顺利，希望在 2011 年达到 100%。对滑雪这种能源密集产业来说，那是个不算差的成就。但就马戏团而言，这项初步风力采购计划其实大可被扣上"装点门面"的帽子，因为它的背后并无伟大计划支持。马戏团的故事说明了在环保热情高涨的年代，要当个消费者或开家公司有多难。虽然消费者必须随时防范可能的漂绿，但是企业更需要采取名副其实的环保行动。

话说回来，如果漂绿在道德上令人质疑，或许还会使企业面临进一步的监督和批判，但为什么有那么多公司在做？

答案是他们看到了一股新崛起的趋势。据《健康及可持续性的生活方式》（*Lifestyles of Health and Sustainability*）期刊指出，2000 年乐活（*LOHAS*）市场的全球总值达 5 460 亿美元，其中美国就占了 2 268 亿。如果世人都决定开始遵循此原则生活的话，这将是个很大的市场。与此同时，对石油公司等需要经过地方政府批准勘探的企业来说，绿色的形象相当于"营运执照"。如果钻井是不可避免的，何不把合约签给拥有绿色声誉的石油公司呢？

可惜，谁在漂绿、谁是真心，这界限并不清楚。

约书亚·克兰（Joshua Karliner）在著作《企业星球》（*The Corporate Planet*）中痛批杜邦公司的某项公关活动。"广告中满是击掌的海豹、跳跃的鲸豚和飞舞的红鹤，用贝多芬的《欢乐颂》当配乐……"但杜邦确实可以号称是绿色公司：它已经达成在 2010 年前减排 65% 温室气体的目标（以 1990 年的底线为基础）。没什么好嗤

154

之以鼻的，而且杜邦在环保团体中已经有不少粉丝了。

2001 年，非政府组织企业观察（*Corp Watch*）报告指出，壳牌"仍持续它貌似聪明、但实则欺骗世人的'利润还是原则'的广告系列，那标榜壳牌对再生能源的执著，以郁郁葱葱的森林照片为号召，但壳牌每年花在再生能源上的费用，仅占总投资额的 0.6% 而已"。今天，尽管该公司已大量投资再生资源，并在数年前推出一则广告来宣传其燃料的环保性，它在尼日利亚和其他地区的困境却仍未改善。研究显示壳牌可能仍言过其实。同业 BP 也一样，即使它已将公司名称从英国石油（British Petroleum）改为超越石油（Beyond Petroleum）。2007 年 BP 宣布将花 30 亿美元投资加拿大的油砂——所有燃料中最脏的一种，也是地球最大的生态浩劫之一（壳牌也已经加入加拿大油砂的狂流）。

通用汽车堪称近年来的漂绿鼻祖，2007 年秋，它在《纽约客》（*New Yorker*）和《连线》（*Wired*）等大杂志推出一则全国性的广告。这则全页广告以阳光照射下的蜘蛛网为主图，还搭配了一本可拆下来的夹册，上面写着：

人人欣赏"从省油到免油"的科技。那就是 2007 年雪佛兰为什么要推出 8 种每加仑可在高速公路跑 30 里以上的车款，以及比任何品牌都多的、以干净燃油（多半是再生的 E85 乙醇）为动力的车型；也是为什么我们要在今年秋天提供 Malibu 及 Tahoe 两款美国首次推出的标准尺寸混合动力休旅车，以及为什么要投入大量设计方案和工程资源来将雪佛兰 Chevy Volt——我们的续航电动车——的概念化为实体的原因。现在那是人人欣赏的科技了。多做些，少用点。请上 chevy.com 查询你该怎么做。这是一场美国革命。

当你读这本小册子时，漂绿的痕迹便越来越明显。第一页的重点是燃料效能。不管该公司在这方面说了什么，众所周知的是通用汽车强烈反对，并持续反对联邦政府增加车辆里程标准（丰田汽车等公认的绿色领导者亦如此)。而就算这还不足以构成问题,那就看看通用自吹自擂的车款——Silverado 和 Tahoe,每加仑在市区和高速公路分别只能跑 14 英里和 21 英里。而与其形成对比的是,Model T 每加仑可跑 25～30 英里,而美国平均运输燃料效率是每加仑 21 英里。

翻开下一页——通用汽车改谈 E85 乙醇。以 E85 为动力的卡车和非弹性燃料的卡车并没有什么差别,也不会更有效率。况且同样不是绿色企业的福特汽车制造那种卡车已经快 10 年了。再翻开下一页,你会看到雪佛兰 Chevy Volt——到本书付梓之际你还买不到的电动车。再向下翻,你会读到通用的燃料电池效能。这东西如果是可行的技术,早在 20 年前就可行了。这也说明了布什政府为什么投注这么多心力在燃料电池上:在他们的任期内,这项技术就算毫无进展也无所谓。

正当这个广告活动达到高峰时,通用汽车副董事长鲍伯·卢兹(Bob Lutz)在 2008 年元月告诉记者地球变暖“完全是胡说八道”。稍后他试图缓和此番言论的杀伤力:“我是表示怀疑,不是否定。”

卢兹也表示,丰田 Prius 之类的油电混合车“毫无经济意义”,因为它们的价格永远压不下来,而诸如克莱斯勒推出的柴油引擎车也不符合经济效益。

小册子的最后一页的标题是“一些大家可以立刻去做的能够挽救地球的事”,其中一项建议是停止使用电话簿。看到这里,如果你还没作呕,那你一定是通用的员工。当垂死之人跟你说“自我感觉良好,会长命百岁”的时候,你不会出言反驳,因为那太伤人,也毫无意义。通用汽车就是这样,一家濒临灭亡的公司。值得赞许的是,通用汽车正以 Chevy Volt 车款(油电混合动力车)为核心进行重建。那值得鼓励,只是,已经晚了。然而,与一般直觉相反的是,漂绿——不论是确有其事或只是旁人的感觉——虽然有损企业的诚信声誉,却可能确实有益于环保运动的开展。一旦某家公司开始大肆宣传其环保计划，无论正当与否，它都会形成巨大的压力——公司必须言出必行。这也会招来大众、媒体、员工和监察团体更广泛、更严密的监督。光是激发员工这项，就是极强的催化剂了。如果一家公司无法遵循它公开设立的标准，员工会抱怨，也会努力改变公司，因为没有人想替骗子工作。

在阿斯彭滑雪公司，我们许多新计划的概念都来自怒气冲冲的来电者，他们会说："你们没有你们说的那么环保——你们没有_____（填充题：做正确的资源回收、重新在山坡上种树等等）。"来电者常常提出各种好的构想，我们会加以实行。假如我们并未自称环保，会接到这些电话吗？把公司漆成绿色，必定能促使它做出改变。

如果阿斯彭滑雪公司干了什么好事——例如在美国提高柴油标准前就以干净、再生的生物柴油来驱动铲雪车，或者以泥土建造半管状雪道（halfpipe）来节约用水——我们一定要开新闻发布会，因为我们相信民众和其他公司必须知道什么是可行之道。事实上，身为滑雪领域的环保领导者，总是"小题大做"的阿斯彭滑雪公司可以说已迫使同业进行变革，甚至引发能源竞赛了。如果我们始终非常谦虚，保持沉默，其他度假中心就不会感觉到竞争压力了。

如果公司因为怕被贴上漂绿的标签就不敢宣传他们做得不错的环境计划，那么什么都不会改变了。平凡无奇的资讯已经充斥市面，而进步的绿色资讯则不然。带着改变世界的希望把话传出去，是值得一冒的风险。

针对本公司持续且无耻的宣传工作，附近一家滑雪度假中心（我们的对手）的一位高级干部会说："我们不需要每做一次照明更新，就开一次新闻发布会。"我认为这句话不正确。基于两个理由，你确实需要开新闻发布会：你的使命和你的事业。因为我们需要每个人都身体力行气候行动方案。这应该是每家公司都要具备的观念，除非你的使命是让全球变暖。

这可以给事业带来什么样的帮助呢？我们的环保工作已经被《时代》（*Time*）、《户外》（*Outside*）、《新闻周刊》（*Newsweek*）、《商业周刊》（*Bussiness Week*）及国家广播电视网财经新闻网（*CNBC*）等媒体竞相报道。我们的公关部门为阿斯彭或丰雪的品牌定位增添了货币价值。光是登上《时代》杂志的价值就不低于 10 万美元，而《商业周刊》更有超过百万美元的价值。

←—— 绿化的动机无关紧要，只要肯做 ——→

在可持续经营的领域里，我们说到企业着手应对气候变化是受到利润、投资回报率、生产力等因素驱使。拥护这些动机的经理人被视为有远见、进步且"深绿"（环保意识强烈）的人。但企业和个人往往不敢承认，他们的绿色工作背后其实是有利益动机的。

我们的文化始终觉得：个人和企业应出于"善心"来从事环保工作，环保工作者不该拿高薪。而从事绿色工作的唯一理由是：那是该做的事。我们常听到"重要的不只是结果，行事动机更为重要"之类的话。但动机不该那么重要。事实上，"我们的动机必须单纯，否则我们的行动就不真诚，而是邪恶、无意义"的想法，正是绿色运动的最大困惑之一。

当我担任救护车卫生员时，我发现卫生员会盼着来电话（车祸、死伤惨重的事件）。这些家伙为这些事而活，为这些事接受训练，或许还梦想这些事发生。起初我嗤之以鼻，一群恶鬼，一群怪人。但随着和这群人共事时间的增加，我不禁开始怀疑：如果遇到意外，我会希望谁来照顾呢？

有些时候，人们的行事动机并不重要，只要结果是好的就行。如果促使个人或公司从事绿化的是免费公关、沽名钓誉或自我扩张的欲望，他们为什么不该厚着脸皮自我宣传呢？气候危机是如此危急的问题，我们不能浪费任何既能实现变革又能促进讨论的机会，或者动机。事实上，如果气候问题的解决方案是由贪婪驱使，那岂不是最好的结果？

←—— 顾客在乎吗？ ——→

话说回来，至少就纯商业观点而言，一个一直困扰我们的问题是：有人在乎吗？绿色营销——不管是不是漂绿——真的会为公司带来好处吗？由于缺乏足够的实证来证明绿化或推出绿色产品是否有助于产品销售或企业繁荣，这个问题很难回答。诚如 2002 年《华尔街日报》一篇臭名昭著的文章，杰弗里·福勒（Geoffrey Fowler）的《绿色推销术并不能改变许多产品》（Green' Sales Pitch Isn't Many product）表示："购物者会更在乎购买的便利性，而非什么意识形态。"文章指出，在年复一年的绿色营销工作后，企业——至少在 2002 年——从品牌绿化中所获得的利益或好处正节节下降。

2003 年，卡特·默菲（Cait Murphy）在《财富》（*Fortune*）杂志中指出一个似乎在今天依然适用的原则："企业要靠绿色（环保）事业赚钱，必须对事实有深刻的认识——人们现在不会，以后也不会权衡每一次购买是否对社会、道德和环境产生影响……总部设在多伦多的国际可持续发展学会（International Institute for Sustainable Development）最新研究指出，只有不超过 2% 的北美消费者是'深绿的'——也就是说，愿意寻找并购买对环境更好的产品。"

这股趋势延续至今。纽约 Landor 设计顾问公司于 2006 年进行的一项研究发现，64% 的受访者无法指出有哪个品牌是"绿色"的。而在自认环保的受访者中，也有过半的人不知道。"虽然这个名词流传已久，还是有很多人，不清楚它的含义，"研究指出，"维护生态、燃料效能、生物降解、天然和有机等词都用于不同范畴的文章来强调绿色，但也可能因此让消费者心生困惑。"

2007 年，备受敬重的消费者研究公司 Yankelovich（创立于 1958 年）发表了一篇关于美国人购买习惯的新研究。研究发现：37% 的消费者"高度关注"环境，但只有 25% 自认对环境问题有高度的认知，而认为自己可以造成改变的只有 22%。

杨克罗维奇总裁沃克·史密斯（Walker Smith）对此研究作了以下总结："依照现在消费者的心态，以消费者市场的利基机会来形容绿色事业最为适当。它是强劲的利基机会，但并非消费大众热烈拥护……消费大众没那么在乎环境，绿色事业未能引起大众的关注。"

这看来或许难以置信，因为每一本主要杂志都不只一次把封面故事给了环保方面的主题，尤其是气候变化。摇滚巨星、演员和职业运动员都在谈它，多数《财富》五百强企业不是有绿色计划，就是已在拟订中。戈尔赢得诺贝尔奖，沃尔玛更以不到两美元的价格销售节能日光灯泡。

然而，这份研究显示：媒体关注度与消费者心态毫不相关。知名绿色事业作家及策略家约耳书·马科尔（Joel Makower）在其博文《增加两个步骤》（*Two Steps Up*）中提到这条鸿沟时指出，有 82% 的美国人没读过或看过戈尔的《不愿面对的真相》（*An Inconvenient Truth*）及其同名电影。沃克·史密斯也指出"媒体给予环境的关注程度远胜于消费者的关注程度"。

结果：多数高层主管如果试图以实证经验作为论述基础的话，那么他们就难以向财务部长大力鼓吹绿色品牌定位的重要了。

但他们仍花了大笔钞票在上面。这是为什么呢？

原因似乎可分两方面来说：第一，他们看到了一个庞大的新兴市场。有越来越多证据，包括我们的顾客调查显示，即使目前大众认知度仍普遍偏低，企业对于环保的关注（以及多花点钱买绿色产品的意愿）却呈倍数增加，即使人们不一定是依照环保标准来决定要买什么东西。

160

举例来说，益百利研究服务机构（Experian Research Service）就表示"可以估计，绿色消费者的年度购买力到 2008 年将上升到 5 000 亿美元。这些绿色消费者将为消费者市场带来巨大的影响力"。睡狮一旦惊醒，威力将十分惊人。

其次，市场显然有一种感觉："如果那么多备受推崇的公司都在做这件事，它们一定知道一些我们不知道的事。"事实上，我常用以下论述顺利说服企业领导人从事环保事务。

"听听这份公司名单：星巴克、联邦快递、丰田、沃尔玛、奇异。这些企业有什么特殊之处？它们全都是品牌领导者。你一想到咖啡，就会想到星巴克。一想到寄包裹，就会想到联邦快递。不仅如此，它们长期以来都有非常杰出的获利能力。它们的管理极为出色，它们全都上市，也备受推崇。而你知道吗？它们全都积极推行绿色计划。这个计划一定有什么好处，不然不会得到那么多精明的商人支持。他们是不是了解什么事情？"

2006 年《品牌周刊》（*Brandweek*）一篇文章引用了奇异家电全球广告及品牌执行经理茱蒂·胡（Jody Hu）的一番话："绿色事业的绿色就像美钞的颜色一样，这与商业机会有关，而我们相信我们可以通过这些'绿色创意'（Ecomagination，通用环保产品的品牌名称）产品和服务来提高效益。"

其实，企业或许并不认为绿色营销有多重要，消费者购买某项商品或常去某家商店光顾或许也不是因为它是环保的。但他们的确在乎品牌及品牌定位，也的确感受到一股趋势，或说是社会文化变革的开端，即使这种变革产生的经济效益到目前为止仍是微乎其微的。但从某方面来说，并非绿色运动在消费者心目中日益重要，而是绿色运动正逐渐成为营销常态。

←——— 可持续报告：是误导还是事实？ ———→

年度可持续报告是企业宣传可持续经营工作的一种关键措施。这些记录旨在评估公司在迈向其难以达成的目标的过程中，做出了什么样的努力。它们是标榜公司进步与成功营销的素材，而且无不摆出山岳、溪流和麋鹿等"具吸引力之大型动物群"的照片。

这些报告的问题在于它们传递了错误的信息。报告上说："我们就要完成了。"但事实上，即使有少数公司真的快要完成了，但多数却不然，甚至连非常在意的如联邦快递和沃尔玛等公司也是如此。理由很简单：它们的碳足迹不减反增。如果年度报告的目的在于揭露真相，那就该说："孩子，我们办不到！"

归根结底，这份工作不是关于美，而是关于混乱；不是关于荣耀，而是对于艰巨目标坚持不懈的追求。本书就印证了可持续经营运动并非易如反掌的事实。我们必须在烂泥巴里匍匐前进，奋力解决那些复杂的难题。我们的存在本身就是矛盾，而我们努力的结果尚未明朗。

一直有人问我这个问题："气候变化是现在的大问题，但接下来是什么？"我最新的回答是："诚信。"这两个字是说，除非我们坦白说出事实，否则绝对无法专心解决真正的问题。只要我们继续买那些烂 REC，在可持续报告上摆出山羊的照片，我们就是在欺骗自己。那么，报告里该写什么呢？垃圾。2006 年，阿斯彭滑雪公司的可持续报告以一张废弃零件场的照片做封面——一堆废弃金属、空桶子、生锈的旧零件和其他各种各样的废弃物。去过滑雪度假村的人都知道废弃零件场是什么，或许自己也有一座，也或许没太注意过。我们试着凸显的重点在于这是过程，而非终点。在某些程度上，这是我们对美的理解。废弃零件场的照片之所以美丽，是因为它象征了这场奋战本身就是辉煌的。

　　报告的封底则是一座我们安装的太阳能发电系统的照片。它也很美，美得让数十本全国性杂志争相转印。但那绝非传统观念中的美。这意味着我们解决了一个技术难题，但还必须改变我们的审美观，以及着力点。

　　几年前的每个早晨，在检查唐尼修车厂的每一部零件清洗机，或许也满怀期许地凝视甜瓜发射器之后，我常会看一下修车厂外面的资源回收桶，确定铲雪车驾驶员没有把塑料袋和瓶瓶罐罐扔在一起（污染了可回收物）。有时候，当我一手扶着垃圾桶的盖子，一手把袋子和其他东西拉出来的时候，我会发现自己突然停住不动，瞠目结舌，仰望着科罗拉多州有蓝知更鸟翱翔的美丽天空。

　　这个景象印证了我一直知道的一件事：从壕沟望出去的风景最能动人心弦。如果我们可以把这幅景致带给大众，并秉持诚实与追求进步的决心，我们将能创造忠诚的顾客（以企业的身份来做或许更好），从而在解决气候挑战上跨出成功的一步。

结语

一个可持续的世界即将到来

"人类最古老的一个梦想就是找到尊严，包含所有生物的尊严。而人类最大的渴望必定是将这种尊严带入梦中，让每个人都找到自己的人生典范。"

——贝瑞·罗培兹（《北极梦》）

2006 年，原怀俄明州杰克逊市的四季度假村（Four Seasons Resort）的保罗·薛瑞特（Paul Cherrett）接掌阿斯彭滑雪公司包括小尼尔酒店在内的客务计划。

在佛罗里达长大的薛瑞特自小便沿着海岸线在坚硬的沙滩上骑自行车，因此怀有非常强烈的环境伦理观。事实上，他说他会来阿斯彭滑雪公司是因为它的企业文化和价值，包括其环保理念。他在服务四季度假村期间曾实行"精华版的环保计划"，这个配套方案让客人得以选择装潢得很环保的房间，并把一部分的住宿费用捐给当地一个环保组织。他也开展了禁止使用瓶装水的

运动，取而代之以盛装当地新鲜自来水的水晶水壶；每年放弃使用
52 000瓶爱维养矿泉水，这一举动替公司省下37 000美元。

在阿斯彭的头几个星期内，薛瑞特走进我的办公室，问我有关搭
巴士的事。

"哎哟！"他说，"我在温哥华和西雅图的时候都常搭巴士，我爱
搭巴士。"

事实上，从保罗住的巴塞特搭公车到我们的办公室既方便又轻
松。你不必握着方向盘随时注意前面那台车的屁股，大可靠着椅背，
读读当地的报纸。而且坐巴士也可省钱，因为阿斯彭滑雪公司每月会
给公交补贴。

隔周的星期一，薛瑞特又出现在我的办公室，神色凝重而激动，
他告诉了我他搭巴士的体验。

他从家中走了一小段路到达巴士站，这相当轻松。但当公车到站
时，车上却挤得水泄不通。保罗身穿如尼尔酒店的埃里克·考尔德伦
那般体面的服装——熨得笔挺的衬衫和精致的长裤。而且巴士里很热
——热得要命。保罗不但不能看报，还得站着，汗如雨下。当他快速
地脱下熨过的衬衫，他说："每个人都用那种眼神看我，好像在说，
'那白痴是谁啊？穿那种衣服，难道他买不起车吗？还有他为什么会
流那么多汗？他是不是有哪里不对劲？'"

由于不熟悉当地巴士的规矩，保罗不知道当司机喊出"机场"
（我们办公室所在地）的时候，如果你要下车还是得拉铃。结果保罗
错过了站牌，只好在下一站巴特米克山下车。然后，他没有沿自行车
道走回来（他不知道有这条路），而是到对面的站牌又等了半小时的
巴士。

保罗到公司时已迟到半小时，而且浑身湿透，脸色很难看。但更
糟的还在后头，下午5点20分，也就是要赶巴士回家的时候，外面
竟下起雪来了。保罗绝望地走进我的办公室，我告诉他我们可以搭晚

一点的巴士，而且我会送他出去。当我们到达巴士站时，那里有 3 个牙齿都掉光的无家可归的男人，从塑料袋里拿出罐装啤酒喝。他们显然不是在等巴士，只是把公车亭当做可以挡风遮雨的饮酒场所。保罗问："我可以来一罐吗？"

巴士到站时，保罗晕头转向的，只好把车票拿给巴士司机看。在一阵尴尬的沉默之后，司机说："噢……你要去哪里？"

"噢，抱歉，巴塞特。"一些乘客忍不住笑出来，好像在说："怎么会有人这么无厘头？"

保罗会发生这种事也许是因为初来乍到，不懂规矩。而身为管理阿斯彭一家五星级酒店的副总裁，他的故事并不会获得同情。"那可怜的高级主管得搭公车！还汗流浃背、浑身湿淋淋的！"但这也说明了做正确的事——绿色事业，或说是拯救气候的事——有多难，就连在最无关紧要、最微不足道的层次上加以改变也不例外。这种做法代表离经叛道，也难免给人自找麻烦、自讨苦吃和自寻烦恼的感觉。而我们必须在全球的规模上做这件事！

既然迎战气候变化一定会面临极大的阻碍，我们应该问这样一个问题：未来有什么能驱使我们不断前进并最终完成使命？我们要怎样持续鼓舞自己来面对前方一连串的打击？因为这场战争不仅需要整治，也需要企业界的集体行动，更需要全人类永不妥协的投入和奉献，我们需要改造社会。我们有可能找到足够强烈的动机来不断扩大这场气候抗战的规模，帮助我们让它永远持续下去吗？

就像我在第二章所述的，我们可以对此行动的必要性作理性分析直到符合我们的期望。但最后，我也发现，我们的动机通常会回到那句陈词滥调："为了我们的孩子"，或者是更冠冕堂皇的"为了我们的尊严。"

◀━━ 沃尔特·贝纳特——保守的电锯工 ━━▶

常有人要求和我碰面聊聊气候、企业持续经营和环保的事。一天我接到一个名叫沃尔特·贝纳特（Walt Bennett）的男人打来的电话，他在德国电锯制造商史迪尔（Stihl）公司工作。史迪尔和阿斯彭滑雪公司有合作关系，它是自由滑雪比赛的赞助商，而我们也会用史迪尔的电锯在我们的山上切割轨道（一条取名为"史迪雷多"（Stihletto）的新轨道，就是用来向该公司致敬的）。戴着史迪尔的帽子——尤其是加了海绵的卡车司机帽——就像戴着约翰·迪尔（John Deere）的帽子一样，代表你是诚实可靠的蓝领工人。滑雪巡逻队喜欢他们。

沃尔特想和我碰面聊聊气候变化的事，我也同意了，虽然我对这次碰面不抱太大期望。毕竟，这家伙是电锯制造商出身。

他一走进房间，我的希望又跌得更深了。50多岁的他留着灰色的平头，看起来像，也自称是西得克萨斯州的保守派分子。我巴不得那些人赶快死掉，我们才能真正对气候变化有所作为。他说他刚抱孙子，他的女儿刚生了一个男孩。他拿出笔记本电脑，把它连接到他的投影机上。

"我可以给你看看我准备要给公司高级主管们看的演示文稿吗?"

"没问题。"我说，但心想："谁来带我离开这里!"

沃尔特按下了按钮，让我大吃一惊。他以气候变化为题准备了长达一个小时的多媒体演示报告，插入了乡村音乐、影音链接和许许多多的图表，比我见过这领域的专家、非营利组织的领导、戈尔和气候博士所作的任何报告都要精彩。他马上切入科学理论、面临的挑战以及一些解决方案。沃尔特的目标是说服史迪尔立刻开始对气候变化采取行动，配合其研发燃烧更洁净的电锯和其他电动工具等工作。

当沃尔特演示完毕后，我呆坐在那里，瞠目结舌，好一会儿才回过神儿来。我好不容易吐出话来，问："沃尔特，是什么驱使像你这样的得州保守派人士关心起气候变化来，甚至是想要改变全公司对这个问题的观念？你真的不像是会做这种事情的人。"

沃尔特说："当我牵着我的孙子——牵着那小宝贝的时候……"他的声音立刻变低沉了，我想他是要哭了，我也要哭了。

我相信，类似沃尔特这种对气候变化的发自内心的醒悟正在全美国及全世界蔓延开来。会发生这种转变是因为气候变化是我们社会从未见过的威胁，它不像本世纪初环境学家提出的末日预言（如人口爆炸论）饱受争议，而是获得科学家的一致认同。它还在发生，并且每况愈下。

记者比尔·莫耶斯（Bill Moyers）2004 年获得哈佛医学院全球环境公民（Global Environment Citizen）奖时，也说到一个类似的经历。他说他看到那些新闻，如埃克森美孚资助的政策团体声称"气候变化是个神话"（不可能的）；国会法案增列使用杀虫剂时无须在意濒临绝种的条款；还有其他对环境的侮辱……他抬起头来，看到桌上孙儿们的照片：

我们……在背叛他们的信任。掠夺他们的世界……李尔王在荒原上问格洛斯特："你是怎么看世界的？"眼盲的格洛斯特回答："我用感觉来看世界。"

我用感觉来看世界。

战斗的意志是对抗绝望的解药，也是我对那些从桌上照片里看着我的脸庞的人所能给予的答案。人类健康的科学必须配合古以色列人所称的"hocma"——心的科学，去看，去感觉，进而采取行动的能力……仿佛未来依你而改变似的。相信我，事实如此。

有牧师身份的莫耶斯在保护地球的伟大运动中注入了一些正面的宗教元素。气候变化赋予我们某件非常珍贵且难以在现代社会找到的东西：它给了我们参与一个运动的机会，来实现（就其广大的范畴而言）人类追寻生命意义的心愿。

　　我在 2007 年认识了阿拉斯加的一名导游鲍勃・简斯（Bob Janes），最近我收到他的一封电子邮件，上面写着：

　　我对地球变暖问题越来越有兴趣了。我固然能让自己投入到现在及未来的气候运动中去，但仍很迷茫……

　　你相信我们真的可以找到办法，在此危机中谋得一点生机，晚上回家后还能让孩子明白我们正在完成某件好事吗？我的商业经验告诉我，我们有很多很好的机会，但这个领域似乎也会引来唐突的质问。究竟什么才是事实？哪些能经得起时间的考验？

　　当我试着理清鲍伯的观点，并思索他所提问题的答案时，最后想出了一些有异于我的科学背景却在可持续性和气候领域经常提到的词汇来形容鲍勃的目标。这些词是来自宗教，如"慈悲"、"尊严"、"救赎"和"同情"。而我突然想起环保界在讨论气候变化及其对策时，一直忽略了的最根本的东西。

　　过去 20 年来，市面上以气候变化与企业可持续经营为题的书籍不下数十本，其中大部分出自左派环保团体的非宗教学者，或是右派智能库里热衷于自由市场的经济学家，他们不是提供纯粹的科学，就是纯粹的经济原理。

　　这些书籍中很少，甚至无一提及一个闪亮的观点：自 2000 年前，甚至 4000 年前大型组织性宗教创立以来，从来没有出现过像解决气候变化如此包罗万象的契机、如此伟大的承诺以及如此庞大的规模来达成全人类的目标。就连日益茁壮的福音派的气候运动都着眼于《圣经》所述的管家职责，而非人类对生命意义的追求。但可持续性社会的愿景，以及它追求公平、社会正义、快乐与希望的本质，无不体现多数宗教传统的主要期望：找出与彼此、世界及良知和平共存的方式；以慈悲度众生；建立高尚的生活架构。多数宗教都已逐步发展，以满足人类对于社会团体、沟通理解与责任使命的基本需求。就此初衷而言，宗教和可持续发展的运动似乎源于同样的古代人类。

这是个充满希望的想法，或许人类天生就注定要致力于此，并且喜欢像解决气候变化问题之类的挑战。

1927 年，当查尔斯·林德伯格（Charles Lindbergh）完成单独飞越大西洋的壮举后，斯科特·菲茨杰拉尔德（F. Scott Fitzgerald）写道："某种鲜艳而奇异的东西闪过天际……这一刻，乡村俱乐部和酒吧里的人们纷纷摘下眼镜，重温他们古老的美梦。"或许解决气候变化问题就能实现我们最古老的一个梦想；或许是个机会；或许我们就该这样做。人类天生便有渴望，这种特质暗示我们不能拒绝这个能让生命充满意义、希望、愿景，以及富有尊严和慈悲之心的机会。解决气候问题的决心就存在于我们的血液和骨子里。

最重要的是，我们以前做过这件事。我的祖父乔伊 1901 年出生于北达科他州的法戈市，1997 年过世，他漫长的一生中有一段时间是生活在靠马车出行、烧木柴的炉子、吃当地食物、工业污染很少、几乎完全使用再生能源的时代。我们的祖父母大多生活在可持续发展的世界。在最黑暗的时刻，我们可以想想他们（并将他们作为自己的试金石）：我触摸过曾住在可持续社会的人；我曾坐在他的大腿上；我曾亲吻他道晚安；我的衣橱抽屉里还留着他的手表。

我们需要做的事情是那么真实、那么实际、那么可行。